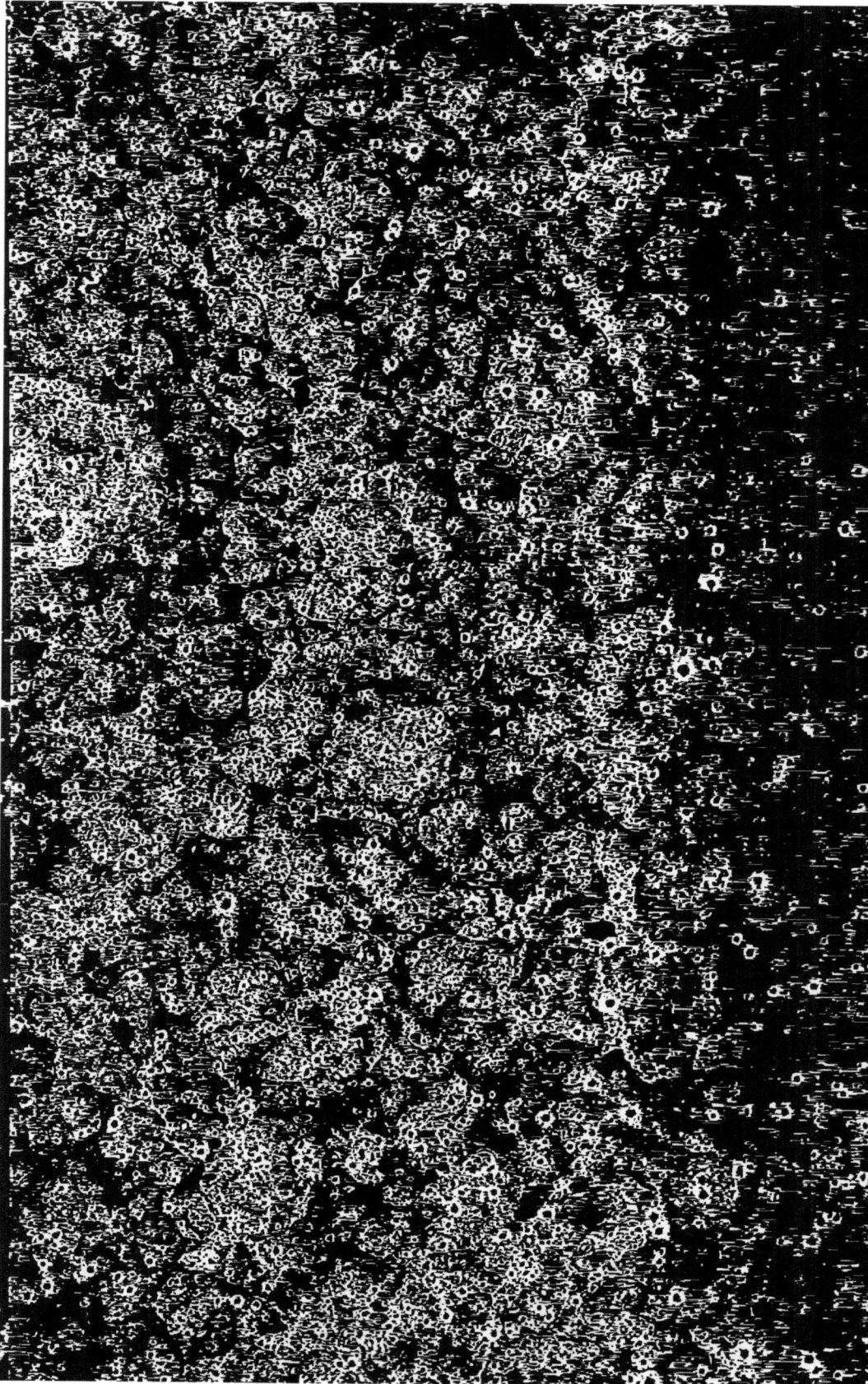

STATUES ET STATUETTES

CONTEMPORAINES.

POISSY. — TYPOGRAPHIE ARBIEU.

STATUES ET STATUETTES

CONTEMPORAINES

PAR

CHARLES MONSELET.

La princesse de Belgiojoso.— M. de Jouy.— Frédéric Soulié.
Lassailly. — Ferdinand Flocon.
Mme Récamier. — Abd-el-Kader. — Rossini.
Jean Journet.— Alexandre Dumas.— Châteaubriand.
Paul de Kock.— Charles Coran.— Elleviou.

PARIS

D. GIRAUD ET J. DAGNEAU, LIBRAIRES-ÉDITEURS

7, rue Vivienne, au premier, 7
Maison du Coq-d'Or.

1852

Les Italiens appellent une préface *la sauce d'un livre*. Je tâcherai de faire cette sauce courte — autant que possible. Mais avant tout, même avant la préface, qu'il me soit permis de déclarer que ceci n'est pas un livre de critique. Ce sont des feuillets d'histoire — souvent légère — rassemblés et cousus très au hasard.

Les bibliophiles trouveront peut-être dans les

Statues et Statuettes cinq ou six renseignements susceptibles de me faire admettre dans les catalogues. Je ne demande rien de plus. La biographie est, selon moi, une des plus agréables formules de la littérature ; seulement, il n'y avait pas lieu ici à être tout à fait un biographe. La plupart des personnages présentés dans ce volume sont vivants : il suffisait de saisir quelques traits de leurs physionomies; c'est ce que j'ai essayé de faire.

Je laisse le soin au lecteur de désigner les *statues* et de choisir parmi les *statuettes*.

A bien parler, — ce livre est surtout de ceux qui s'adressent plutôt au public qu'à la critique. Il n'apprendra rien de nouveau à la critique; il risque d'apprendre quelque chose au public. Par conséquent, je ne m'attends pas à de grandes démonstrations de la part de celle-là. Et puis, critique moi-même à de certaines heures, je sais que la discussion est un honneur dont on est et dont on a raison d'être avare. Plusieurs de mes confrères ont cru devoir la remplacer par une paresseuse ou insultante bienveillance. Or, moi, j'ai toujours cherché les occasions de ne pas être bienveillant. Cela tient à cette idée fixe que j'ai : — La bienveillance supprime l'art.

Je m'explique.

Il y a beaucoup de gens qui n'osent pas siffler les mauvais acteurs, dans la crainte de leur faire de la peine et de nuire à leurs moyens d'existence.

Il y a des critiques qui laissent faire les mauvais auteurs, par un sentiment exagéré d'indulgence et de politesse.

Ces deux sortes de gens sont coupables au premier chef, en ce qu'ils tolèrent la multiplication chaque jour croissante des comédiens détestables et des écrivains absurdes.

Un spectateur ne doit jamais mettre son cœur au bout de sa lorgnette, — pas plus qu'un critique ne doit s'enquérir si l'homme qui vient de faire un mauvais livre manque de soupe et a une famille sur les bras.

Ceux qui sont aujourd'hui très-hauts par le talent sont précisément ceux pour qui l'on n'a jamais eu de bienveillance.

La littérature est remplie d'imbéciles obstinés et d'intrigants subalternes, qui tiennent une place immense partout où ils se trouvent. Ils écrivent avec des phrases toutes faites, avec des mots consacrés, avec des pensées admises; ils ramassent les formules dont ne veut plus, et remettent les vieux procédés à neuf; quelques-uns sont à l'affût des épithètes en vogue, ce sont les plus malins; ils abusent des joues *en fleur*, des chevelures *opulentes*, des œuvres *magistrales*, des épées *en verrouil*; ils écrivent : « Mademoiselle Rachel est *tout simplement* la plus grande tragédienne *de ce temps-ci* » ou bien : « Monsieur Alfred de Musset est toujours ce poëte charmant *que vous savez.* » Ou bien encore : « Cet enchanteur fier et lumineux *qu'on appelle Diaz.* » Il n'y a pas de rengaines assez usées pour eux, pas de métaphores assez fanées. Ils trempent leur plume dans de la pommade rance.

Eh bien! la critique, — cette police de la littérature, — laisse tranquillement circuler ces malfaiteurs du style et de la pensée.

Elle fait plus, elle les encourage.

Elle va jusqu'à leur crier : Bravo!

C'est une lâcheté et une maladresse. Le silence est tout ce que vous devez d'égards à un mauvais auteur, quand ce mauvais auteur est votre ami. Vainement cherchez-vous à vous excuser avec ce mot de mademoiselle Gaussin : « Cela nous coûte si peu, et cela leur fait tant de plaisir! » Je dis que l'éloge d'un sot est un grain qui germe toujours et qui produit tôt ou tard une plante vénéneuse.

Oh! qu'ils savent bien ce qu'ils font, ces littérateurs sans littérature, ces hommes de lettres qui remplacent la grammaire par l'aplomb, ces romanciers qui tordent leur imagination comme une éponge pour n'en faire sortir que de la vanité; qu'ils savent bien ce qu'ils font, lorsque, dans un foyer de théâtre ou ailleurs, ils se précipitent au cou de la critique, qu'ils l'étreignent, qu'ils l'étouffent de leurs embrassades, qu'ils l'accablent de leurs poignées de mains, qu'ils la suffoquent de leurs compliments chauffés à blanc, qu'ils lui entrent jusqu'à la gorge le bâillon de l'amitié!

Les critiques sont naïfs. Ils se prennent aux piéges les plus impudents, et ils se laissent voler leur libre arbitre comme ils se laisseraient voler leur montre.

Ils sont sans défiance. Rien n'est plus facile que de leur extorquer deux ou trois colonnes d'approbation. Ils s'en consolent en se disant : — Nous avons eu la main forcée.

Avec ce mot, on devient bientôt un critique en sucre, un fantôme de critique; on en arrive à ne plus cultiver, dans tout le jardin de la rhétorique, que la petite fleur inodore de la complaisance; on a des encensoirs pour toutes les canonisations indistinctement, — et le feuilleton, semblable à une auberge où tout le monde est maître, excepté le maître, demeure ouvert principalement aux pique-assiettes, aux amis et *aux amis des amis.*

Hélas! combien de feuilletons du lundi et des autres jours qui pourraient prendre pour enseigne : *Au Cheval blanc* ou *A la Croix blanche.* Ici on loge à pied ou à cheval, à drame ou à roman.

Les critiques ont encore plusieurs excuses dans leur sac; mais des excuses ne sont pas des raisons. Quand ils ont battu des mains à une pièce ridicule ou qu'ils ont parfumé d'éloges un livre honteux, quand ils ont bien menti à eux-mêmes et aux autres, quand ils ont faussé l'opinion publique et jeté la perturbation dans l'art, ils murmurent en souriant : « Bah! cela est sans conséquence! »

Ou bien : « Personne n'y sera trompé. »

Cela est sans conséquence! Le croient-ils, en effet? Qu'ils sachent donc qu'en élevant un piédestal aux brutes, ils se creusent une fosse à eux--

mêmes. Qu'ils sachent donc que la louange tombée de leur plume imprudente va devenir un brevet entre les mains de celui qui l'a reçue, et qu'au bout de quelques ans ils le retrouveront calme et béat, assis à leurs côtés et exploitant ce brevet. Si la plupart des bons auteurs ne se font pas aujourd'hui cinquante mille francs de revenu, la faute en est aux mauvais auteurs, race parasite qui ne vous tire un coup de chapeau que pour mieux vous mettre la main dans la poche, serpents engourdis qui se réchauffent à la chaleur de l'éloge, entrepreneurs de tous ouvrages au rabais, gâte-métiers, gâte-papiers, déshonneur d'une Société des gens de lettres !

Personne n'y sera trompé? Si; le public! le public, qui croit à la chose imprimée, à l'autorité d'un nom; le public, qui attend la décision de la critique pour se faire une décision, le public, qui ne peut pas admettre qu'on veuille se moquer de lui !

La littérature n'est pas comme le théâtre ; elle n'a pas besoin de comparses, d'autant plus qu'en littérature, ce sont les comparses qui étouffent les premiers rôles, qui mangent leurs appointements et qui ont les plus beaux habits.

En Chine, on noie dès leur naissance les enfants bossus ou contrefaits; — en littérature, il serait peut-être barbare d'agir de la sorte avec les cagneux de la fantaisie, les boiteux du paradoxe, les tortus de la paillette et les borgnes du bon sens; mais si vous ne les noyez pas, du moins ne leur vantez pas tous les jours l'élégance de leur taille, la grâce de leur port, la sûreté de leur coup d'œil; ne dites pas au cul-de-jatte : — Monsieur que vous marchez bien! et au pied bot : Que vous dansez à ravir! Faites plutôt que la critique devienne pour ces infortunés un établissement orthopédique où on essaie de les redresser en les taillant, en les coupant, en les bistourisant, en les tirant par les bras et par les jambes!

Mais surtout pas de bienveillance.

La bienveillance, — c'est l'anarchie.

Voltaire, qui a écrit de si basses lettres de flagornerie et d'encouragement, n'a été bien inspiré qu'une seule fois, lorsqu'il écrivit à un perruquier, mauvais poëte : « Faites des perruques! »

Ayant donc eu l'occasion assez fréquente d'engager pas mal de mes amis à faire des perruques, il est assez naturel que je ne m'attende pas à un chœur laudatif sous les arcades des journaux. On me dira peut-être qu'avec une telle raideur on ne fait guère *son chemin*, et que les concessions sont la vie des gouvernements et des intelligences. Ne croyez donc pas cela! Ce qu'on s'attire d'amitiés inconnues compense bien quelques rancunes publiques.

— « S'associer ou périr! » disent certains auteurs. Non! Les associations coûtent trop. Il se glisse toujours, dans les cénacles, des gens par qui notre conscience est gênée tôt ou tard. Je fraternise avec la plupart des écrivains de mon âge, mais je marche seul. Je n'endosse les opinions littéraires de personne.

On m'accusera peut-être d'irrévérence envers

plusieurs renommées consacrées; on me reprochera sans doute d'avoir gratté au talon cette superbe idole qui a nom : — ALEXANDRE DUMAS-AUGUSTE MAQUET-GAILLARDET-GOUBAUD-DENNERY-LEFÈVRE-LEU-WEN-BRUNSWICK — FÉLICIEN MALEFILLE-DAUZATS-ANICET BOURGEOIS, etc., etc. — J'avoue que ce Vichnou aux trente-six mille incarnations ne suscite en moi qu'un ébahissement prolongé et me semble, en beaucoup de circonstances, totalement étranger aux progrès du roman, du théâtre, du voyage et de la critique. Je n'ai pu m'empêcher de reproduire ces observations dans les *Statues et Statuettes*; j'ai voulu mesurer curieusement la taille de ce titan, — titan à la façon des éléphants gonflés qui se dandinent à l'étalage des marchands de jouets, dans le passage Choiseul. Les personnes sensées comprendront aisément que je lui préfère Balzac, Nodier, Vigny, George Sand.

Si l'on met dans un livre tout ce qu'on ne peut pas mettre dans les journaux, — à plus forte raison doit-on mettre dans les préfaces tout ce qu'on n'ose pas mettre dans les livres. La préface c'est l'homme.

« Ami lecteur » disait-on autrefois ; — « ennemi auteur » répondait-il souvent ; et la préface, accoudée au bord du tome, le cajolait longtemps pour l'inviter à entrer. C'était une parade qui attirait du monde à l'intérieur : on entrait alors dans un livre comme on entrait chez Nicolet. — De nos jours, on connait trois ou quatre préfaces célèbres : la préface de *Cromwel*, la préface ivre de *Barnave*, la préface de *Mademoiselle de Maupin*. Pour ma part, je verrais avec quelque regret la jeune littérature renoncer à ces sortes de *manifestes* toujours intéressants, et quelquefois mieux qu'intéressants. — Le mot secret d'une époque se trouve souvent au détour d'une préface.

Un auteur ne peut parler que de *tout le monde*, dans son livre. Ce n'est que dans sa préface seulement qu'il a le droit de parler un peu de lui-même ; — et, à mon sens, c'est bien le moins qu'on puisse lui accorder. N'est-ce pas juste, par exemple, qu'il me soit abandonné une dizaine de pages à cette fin de prévenir le lecteur qu'ayant vendu depuis longtemps mon corps et mon âme à la littérature, il ne considère point ce volume comme un fait isolé et ne devant plus se renouveler, — mais qu'il ait au contraire à s'attendre, de ma part, à une série non interrompue de productions? N'est-ce pas juste d'avertir que je suis autre chose qu'un passant? que je suis un romancier, un poëte, un auteur dramatique, un bibliophile, que je serai peut-être un critique, enfin?

Mon Dieu, oui — tout cela! — Et, résolution, calme, gaie humeur, mon passeport est en règle. J'irai de la sorte jusqu'au bout. Quel sera ce bout? Peu importe; ma vie est là, et avec ma vie mon bonheur. Le bonheur des écrivains est dans leur pensée; ils portent leur paradis dans leur tête. Que le monde leur refuse l'or, la famille, le triomphe, la pitié, ils ont mieux que cela : ils ont les triomphes inouïs de leurs rêves, l'or éblouissant de leur imagination, le luxe de leur intelligence. Du fond de leur pauvreté, ils peuvent encore braver les riches et les plus riches. Ils ont tous les jours des heures de bonheur que n'ont pas les autres. Ils souffrent, mais ils ne s'*ennuient* jamais. Pour une secouée d'arbre qui leur envoie des odeurs au visage, ils ont des délices dont l'âpreté ne sera jamais conçue par les hommes qui vont à la Bourse. Je vous le dis, une vie de poëte vaut une mort de poëte. Des extases telles que les nôtres ne peuvent s'acheter trop cher.

Amis, — soyons bons envers ceux qui n'ont pas la pensée, ne leur envions rien de ce qu'ils possèdent. Au fond, voyez-vous, ils ne possèdent rien ; ce sont des castors, nous sommes des oiseaux. Ils se construisent de petites huttes avec leur queue qui leur sert de truelle. Nous suspendons nos nids aux branches des grands chênes. Ils barbotent, qu'est-ce que cela nous fait !

Me voilà presque au dénoûment de ma préface, et, comme cela arrive toujours, je n'ai pas dit la moitié de ce que j'avais à dire. Encore quelques mots cependant.

Je respecte mon métier. Je cherche à m'instruire tous les jours. J'ai toutes les bonnes et toutes les hautes ambitions. Toutefois, je ne suis ni impatient, ni hargneux, — deux défauts qu'on impute avec injustice aux jeunes gens pour prix de quelques mots goguenards échappés çà et là à leur plume.

Il m'eut été plus agréable (cela n'a pas dépendu de moi) de me présenter au public avec un ouvrage de plus d'importance. Mais nous sommes gens de revue, de prochaine revue. Voici les principaux travaux terminés que j'espère pouvoir publier sous peu :

1º LES OUBLIÉS ET LES MÉPRISÉS — *figures littéraires de la fin du dix-huitième siècle.* Deux volumes compacts, comprenant : Linguet, Mercier, Rétif de la Bretonne, Dorat-Cubières, Olympe de Gouges, Dorvigny, Le Cousin Jacques, Gorgy, Desforges, Baculard d'Arnaud, le chevalier de Mouhy, Plancher-Valcour, Suzanne de Morency, etc., etc. — Ces études, ou plutôt ces *résurrections*, ont été imprimées dans le *Constitutionnel* de 1849 à 1851.

2º LE DUC DE NOYAL-TREFFLÉAN ; roman en quatre tomes. Cet ouvrage considérable a paru il y a trois ans dans les colonnes du journal la *Patrie*, sous un titre provisoire (les *Chemises rouges*) qui a produit sur beaucoup de gens l'effet d'une mystification, car il n'est pas plus question de chemises dans le susdit ouvrage que de salé aux choux dans les proverbes de M. Octave Feuillet. Peu de personnes à Paris ont lu ce roman, dont les arêtes excessives sont faites, il est vrai, pour rebuter cette classe de lecteurs qui n'achètent les journaux du soir que pour consulter le cours de la Halle aux farines ou les jouissances des quatre-canaux. — Par compensation, les *Chemises rouges* ont très-préoccupé l'étranger ; il en a été publié à Florence une magnifique édition, grand-in-8° (*Le Camice rosse di Carlo Monselet, prima versione italiana di Giuseppe Galanti; — Firenze, per Carlo Soldi in Condotta;* 1849 *Tipografia di Luigi Niccolai*); et les libraires de Belgique ne se sont pas fait faute de me *contrefaire*.

LE DUC DE NOYAL-TREFFLÉAN est dédié à M. André Thomas, mon ami.

3° SUITE DU TABLEAU DE PARIS ; un volume.

4° MONSIEUR DE CUPIDON, *nouvelles pour les femmes;* un volume composé de :

M. de Cupidon.

La Bouteille vide et les Feuilles de rose.

Le poulet.

Finissez ou je sonne!

Aristide F***

Jeanne Talon.

Le Moulin.

Berdriquet et son romancier.

Babet.

Ces productions frivoles, mais traitées avec beaucoup de soin, ont vu le jour dans la *Presse*, l'*Epoque*, l'*Artiste* et l'*Evénement*.

5° HISTOIRE DU TRIBUNAL RÉVOLUTIONNAIRE (sous presse), deux forts volumes.

6° Poësies, un volume.

Il est inutile, après cela, je crois, d'annoncer les autres travaux que je prépare. En faisant connaître ceux qui sont accomplis, j'ai voulu seulement régulariser mon passé (c'est de la tenue des livres) et expliquer quelle suite auront les *Statues et Statuettes*.

Certainement ce livre est *peu de chose;* — il est cependant *quelque chose*, puisque j'ai cru devoir le laisser publier.

Maintenant, pour terminer comme Bordelon dans sa préface des *Coudées franches* : — « J'ouvre seulement la porte. Entrez, cherchez, examinez, considérez, discutez, devinez; je vous laisse là; car ne pensez pas que je reste longtemps pour vous étaler ma marchandise, pour vous la montrer, pour lui donner un jour favorable, pour la faire valoir. Cela me gênerait, j'ai à aller ailleurs; d'autres sujets me demandent, je cours vers un lieu bien éloigné de celui où je vous laisse. »

Paris, 28 octobre 1851. — Rue d'Argenteuil.

LA PRINCESSE DE BELGIOJOSO.

LA PRINCESSE DE BELGIOJOSO.

Femina sexu, ingenio vir.

Voilà bien des années déjà que cette femme étrange, la Penthésilée moderne, plaide tour à tour, avec le fusil et la plume, la cause de l'affranchissement de l'Italie. Pendant que son noble époux faisait briller au piano sa voix magnifique, éternel désespoir du directeur Barbaja, — elle, toujours active et téméraire, continuait son œuvre à travers mille dangers, tantôt poursuivie par les sbires d'Autriche, tantôt obligée de se sauver de Gênes, sur une barque, au milieu de la nuit......

Madame la princesse de Belgiojoso est, avec George

Sand, la comtesse d'Agout (Daniel Stern) et quelques autres, de ce petit nombre de femmes qui laisseront un nom sérieusement politique dans l'histoire de leur temps. Autrefois l'Italie eût fait d'elle un ministre ou un général d'armée. Fille du marquis Trivulce et de la marquise Gherardini, son nom est inscrit en tête du livre d'or de la noblesse italienne. Son âge est quarante-un ans : je le dis brutalement et sans plus de galanterie qu'un almanach de Gotha. Tant pis, ma foi. On a vu d'elle, à l'un des derniers salons du Louvre, un superbe portrait par Henri Lehmann : cheveux noirs, œil noir, lèvre ardente, grâce et fierté, esprit et force. Cette harmonieuse toile a inspiré à l'un de nos poëtes les plus distingués, M. Auguste Desplaces, les strophes suivantes :

> Qui contempla ce front bien fait pour un musée
> Dans ces grands yeux pensifs reviendra lire encor,
> Tant cette belle femme est gravement posée
>   Sur son escabelle à clous d'or.

> D'aussi beaux cheveux noirs, couronnés d'une tresse,
> Eurent-elles jamais bandeau plus opulent,
> Ces muses qu'on voyait, au doux pays de Grèce,
>   Fouler les vallons, d'un pied blanc?

La princesse de Belgiojoso a toujours eu le privilége d'occuper la curiosité parisienne. Individualité multiple, Protée en robe de soie, elle a échappé jusqu'à ce jour aux impertinences des biographes, et le public en est toujours resté sur son compte aux seules suppositions.

Il y a dans la rue du Montparnasse, au milieu des arbres, un hôtel splendide; c'est le sien. Une porte en fer, d'un travail exquis et bizarre, ouvre sur un jardin désordonné, plein d'ombre et d'herbe, où se roulent quatre ou cinq chevreaux aux pattes blanches et nerveuses. Une petite fille, qui a rapporté d'Italie sur sa figure un baiser du soleil couchant, passe, en les poursuivant, une baguette de frêne à la main. La maison est au fond, à droite, avec des tourelles de fer aux angles et des sculptures dans les parties supérieures. — Sur le seuil, plongé dans un grand fauteuil, quand il fait soleil, un homme aux yeux fixes, un aveugle, semble rêver. C'est celui que Châteaubriand a appelé l'*Homère de l'histoire,* c'est Augustin Thierry.

L'amitié profonde qui unit la princesse Belgiojoso à l'auteur de la *Conquête de l'Angleterre,* est un des beaux et nobles spectacles que nous connaissions. Cette alliance de la pensée active et de la pensée clouée, de la chevalière et de l'ermite, du bruit et du repos, est chaque jour féconde en résultats puissants. L'une part et *va faire l'histoire;* l'autre attend et raconte. Chaque année les retrouve à la même place, auprès du même pupitre vert.

Les ouvrages de madame la princesse de Belgiojoso sont plutôt ceux d'un bénédictin que d'une femme du monde. Élégamment couchée sur son ottomane, dans une pose que Vidal a reproduite en un joli pastel qui décore le salon de la rue du Montparnasse, elle en remontrerait à tous les théologiens de la terre. Pas de question ardue pour elle. C'est cette main effilée et petite qui a écrit les quatre volumes de l'*Essai sur la formation du dogme catholique;* cette tête souriante et mobile, coiffée de fuchsias, a été grosse de la traduction de la *Science nouvelle de Vico;* le *Constitutionnel* et la *Démocratie pacifique* l'ont comptée au nombre de leurs plus assidus rédacteurs. N'y a-t-il pas là de quoi épouvanter toutes ces vaporeuses marquises qui se font saigner pour avoir la peau plus blanche? Et Napoléon, qui appelait les femmes des *âmes de dentelle,* ne retirerait-il pas aujourd'hui son mot dédaigneux devant la princesse Christine Trivulce de Belgiojoso?

Elle a tour à tour publié à Paris la *Gazzetta italiana,* qui date de 1845, et l'*Ausonio,* revue mensuelle, parue au mois de mars 1846; *rédacteur en chef* de ces deux journaux, elle y a abordé sans pâlir les plus hautes questions de politique, avec un style serré, fin, brusque, où la sobriété n'excluait pas la grâce, où l'indignation ne brisait pas la logique.

Riche et généreuse, elle a jeté sa richesse et la jette chaque jour dans des créations philanthropiques, en France, en Italie, partout. Il y a deux années, le *Moniteur* et le *Journal de l'instruction publique* ont dressé une longue et indiscrète liste des établissements de bienfaisance et d'éducation fondés par elle. Les paysans milanais, surtout ceux du village de Locate, se découvrent quand elle passe, et invoquent religieusement son nom dans leurs prières de chaque soir.

Au milieu de ces graves préoccupations, madame Trivulce de Belgiojoso a trouvé néanmoins le temps et le secret d'être constamment une des femmes du monde les plus aimables et les plus rayonnantes. Son salon est célèbre dans Paris. Parmi les illustrations de toute osrte qui s'y donnent rendez-vous, il faut citer Ary Scheffer, cet homme à stature de grenadier qui fait du mysticisme peint; Liszt et son disciple Salvator; Victor de Laprade, un poëte, un professeur et un marinier du Rhône, — trinité capable d'opérer le désarmement des fureurs de M. Proudhon ; — et puis aussi des universitaires à ne savoir où les fourrer : M. Amédée Thierry, M. Ravaisson; sans compter les abbés, les représentants, les militaires, les financiers, les grandes coquettes ; tout le Paris intelligent et brillant, enfin.

Il y a quatre ans, alors que la princesse de Belgiojoso demeurait dans l'avenue d'Antin, aux Champs-Elysées, on rencontrait souvent chez elle Bou-Maza, ce lion du désert, conduit en laisse par le capitaine Richard ; Bou-Maza venait tous les jours poser mélancoliquement pendant deux heures devant Théodore Chasseriau. Le soir, il était des réceptions intimes de la princesse, et fumait avec elle le narguilé de paix. Alors, la conversation resserrée entre quelques intimes, — la marquise de Bedmar (1), — la Guiccioli, aujourd'hui marquise de Boissy, — l'abbé Lanci et deux ou trois autres, prenait un tour plus gai, et se prolongeait souvent jusqu'à mi-

---

(1) C'était une princesse grecque, ce n'est plus qu'une marquise aujourd'hui, une marquise du XIXe siècle. La jeune fille moldave est devenue une Parisienne à tous cheveux, femme d'un grand d'Espagne et l'une des cent déesses du faubourg Saint-Germain.

La marquise de Bedmar, dont la tournure a cette nonchalance embarrassée des femmes turques, est un des types les plus achevés de la grande dame, dans l'acception extrême de ce mot. Ses gencives sont d'un pourpre sombre, particularité commune aux races moldaves et valaques. Brune, avec des yeux immenses et des cils tellement soyeux et démesurés qu'ils en deviennent presque un phénomène, elle éblouit plus qu'elle ne charme, elle fascine plus qu'elle n'attire.

Elle a l'âge d'un roman de Balzac, et l'aura longtemps; elle a l'esprit d'un livre de Bussy-Rabutin, et elle l'aura toujours.

nuit. Après chaque bouffée de tabac, madame de Belgiojoso puisait avec une petite pince d'argent dans une coupe de vermeil, où gisait une orange déchiquetée en imperceptibles morceaux.

Son dernier voyage en Italie et les guerres où elle s'est trouvée, ont été pour les journaux le thème de mille et un récits excentriques, renouvelés en partie des poëmes de l'Arioste. Bradamante nouvelle, un drapeau à la main, dans l'autre une épée nue, ils l'ont représentée à cheval, guidant au combat une légion de volontaires. Demandez plutôt à M. Angelo-Pier Fiorentino, qui affirme lui avoir tenu l'étrier sur la grande place de Milan.

Mais pourquoi madame Christine n'écrirait-elle pas elle-même *ses campagnes?* Qui mieux qu'elle pourrait teindre de flamme et de sang ce fier chapitre de l'insurrection italienne? La plume qui a écrit les violences du moine Savonarole saurait encore cracher la colère et l'amour de la liberté au front du despotisme. L'histoire écrite entre deux coups de fusil est surtout de l'histoire éternelle.

Nous arrêterons là ce simple profil d'une femme illustre par sa beauté, par son courage et par son talent, — et qui est à la fois, comme on l'a dit quelque part, une femme politique, une grande dame et un homme de lettres.

M. DE JOUY.

M. DE JOUY.

Ci-gît M. de Jouy.

J'ai toujours eu un grand respect pour les grognards littéraires ; — et, si l'on veut bien m'entendre, je dirai aussi que la poésie de l'Empire a été souvent calomniée dans ces derniers temps, et que ce n'est pas tout à fait cette pauvre femme en douillette cendrée qu'on a essayé de nous faire voir. J'en suis fâché pour ceux qui ne connaissent que les poésies ossianiques de Baour-Lormian et les romans de Pigault-Lebrun, — cet homme de lettres de l'Empire qui écrivait sur une schabraque. Mais je sais d'autres noms et d'autres livres, glorieux et respectables, ceux de Châteaubriand, par exemple, de Nodier et de madame de Staël, qui m'ont toujours fait penser qu'une semblable époque, — une époque de vingt ans, — ne méritait pas la raillerie et le dédain avec lesquels la plupart de nos critiques ont l'habitude de la saluer.

Il en est bien peu de ceux-là qui n'aient à se reprocher un bon mot sur M. Jouy, — une épigramme sur M. Jay, — une plaisanterie sur M. Arnault. On ferait un volume d'un tel recueil, et ce recueil pourrait être intitulé sans inconvénient la *Cravate blanche littéraire*.

Laissons dire. Celui de qui je veux parler aujourd'hui valait bien les trois quarts de nos écrivains d'à-présent, je vous l'atteste. Ses vaudevilles étaient tout aussi spirituels que les nôtres, ses tragédies tout aussi froides, ses livrets tout aussi ridicules. Seulement c'était un autre ridicule, une autre froideur et un autre esprit. La pensée et le style ont leurs modes, comme on sait, et ces modes ont leur Longchamps. La phrase se taille comme un habit, tantôt courte et tantôt longue, hier en veste et demain en redingote. La littérature d'alors portait un carrick, celle d'aujourd'hui porte un paletot.

Ne nous moquons pas du carrick de M. de Jouy. Le carrick est un bon et honnête vêtement, très-ample et très-chaud. Et personne mieux que M. de Jouy ne savait porter le carrick. C'était un homme charmant en société, un oracle de goût, un modèle de galanterie, l'homme de son style en un mot. Sa plume avait des précautions inimaginables. Je dis précautions et non délicatesses, parce que la délicatesse même était dangereuse dans ce temps de censure irritée; ce qui rendait le métier d'écrivain fort difficile. Au régime des suspects politiques avait succédé le régime des suspects littéraires. On arrêtait, pour un hémistiche, les tragédies de Lemercier et les comédies d'Etienne. M. de Jouy fut à peu près le seul homme à succès de l'Empire. Il est vrai que l'empereur ne l'a jamais regardé comme un *idéologue.*

Je compare M. de Jouy à Marmontel, — le *Zémire et Azor* de la littérature.

Donnez un habit pailleté à M. de Jouy et vous aurez Marmontel. Jetez un carrick sur les épaules de Marmontel et vous verrez M. de Jouy. C'est absolument la même façon de dire, de voir, de sentir. C'est le même bonheur dans le même talent. Je vais plus loin, ce sont les mêmes ouvrages. — Comme Marmontel, M. de Jouy a fait des tragédies, des opéras et des romans. C'est la même plume qui a écrit le *Zirphile* de l'un et la *Guirlande* de l'autre ; c'est la même pensée qui a dicté *Fernand Cortez* et les *Incas.* Marmontel a fait les *Contes moraux,* M. de Jouy a fait l'*Ermite de la Chaussée-d'Antin.* Tous les deux enfin ont mis au monde un *Bélisaire.* — Trouvez-moi l'exemple d'une plus frappante analogie.

Il y a comme cela un homme qui se perpétue à travers tous les siècles, — un *beau masque, je te connais* qui revient tous les cinquante ans avec un habit neuf, — un même académicien qui occupe sans cesse le même fauteuil, — un auteur qui n'est éternellement occupé qu'à se dédoubler et à se tirer à plusieurs exemplaires. Au dix-septième siècle, ce personnage s'appelait Quinault, au dix-huitième Marmontel, au dix-neuvième M. de Jouy. Chacun d'eux n'a jamais été que l'édition revue et corrigée de son prédécesseur. Ouvrez le volume : il n'y a de changé que la reliure ; hier en veau, aujourd'hui en maroquin. Barbin et Panckouke remplacés par Didot. Quant au texte, c'est toujours le même, avec cette différence seulement que l'anneau royal d'*Asdrate* est devenu l'aspic de *Cléopâtre*, — qui lui-même est devenu la perruque de *Sylla*.

Ce fut une perruque qui fit la réputation de M. de Jouy. — Mais qui n'a pas eu sa perruque, au temps où nous sommes? La perruque de Liszt, n'est-ce pas un peu son sabre d'honneur? La perruque de George Sand, n'est-ce pas un peu son pantalon? — Cherchez bien au fond de toutes nos célébrités. Vous y trouverez une perruque.

Seulement, la perruque de M. de Jouy était une perruque véritable. C'était la perruque de Talma ; — à peine deux ou trois mèches qui, tombant plates et noires sur le front du comédien, lui donnaient une vague ressemblance avec l'empereur. Rien qu'avec cette perruque, M. de Jouy et Talma ont épouvanté tout Paris.

Il est vrai que c'était la première fois qu'on osait rappeler cette grande figure. A cette époque, l'empereur était encore chose neuve et soudaine. M. de Jouy eut la gloire d'être le premier à déshabiller cette ombre auguste, et son exemple ne tarda pas à être suivi de toutes parts. Ses cheveux avaient fait une réputation à un académicien, — un théâtre fit une fortune avec sa capote, — un prétendant fit une révolution avec son petit chapeau.

M. de Jouy a surtout été un homme — et un talent

— de circonstance. Il fut tour à tour le *seul* et le *premier*, deux grands mérites. Le seul prudent sous l'empire, le premier hardi sous la restauration. Il a cultivé tour à tour l'à-propos innocent dans le tableau des *Sabines* et *Tippo-Saëb*, et l'à-propos séditieux dans *Bélisaire* et *Sylla*. Et quand il n'y eut plus hommes ni choses à exploiter, il en vint à se mettre lui-même en exploitation, lui et son succès. De même qu'avec une bouteille d'eau de Cologne il y a des gens qui ont l'art de faire quinze bouteilles d'eau de Cologne, de même M. de Jouy trouva le secret de faire quinze *Ermites* avec son premier *Ermite :* « Ermite, bon ermite, » comme dit la chanson. — Cette littérature en cagoule dura assez longtemps, puis on finit par s'en lasser et par la trouver fade. On s'attendait vainement à voir frétiller la queue du diable sous la robe du capucin ; la robe ne laissait rien passer. Saint Antoine n'eut pas de tentation.

Je me suis toujours étonné que la vie de M. de Jouy n'ait pas réagi davantage sur ses écrits. — C'était bien la peine d'avoir quitté la France à treize ans, d'avoir traversé les mers, d'avoir vu les Indes, Chandernagor ; d'avoir été lieutenant, capitaine ; puis d'être revenu, d'avoir eu sa tête à prix, de s'être mis en voyage une seconde fois, de s'être promené au bord du lac de Genève, en Belgique, en Hollande, en Italie, — et cela, pour en rapporter l'*Ermite de la Chaussée d'Antin*, tout simplement. Il est vrai que tant d'autres écrivent sur l'Inde, la Suisse, la Belgique, la Hollande et l'Italie, qui n'ont jamais mis le pied hors du Palais national.

Il fut le premier feuilletonniste *de genre* de ce temps-là. Il retroussa ses manchettes, comme faisait le comte de Buffon, et se prit à nous raconter en petits tableaux anodins les mœurs et la société auxquelles il avait l'honneur d'appartenir. Pour cela, il s'y prit le plus galamment et le plus discrètement possible, frappant toujours à la porte avant d'entrer, et criant à la jolie femme par le trou de la serrure: — «Madame, ayez l'obligeance de vous vêtir, je viens vous peindre en déshabillé. »

Ce fut ainsi qu'il pénétra dans l'étude du notaire et dans le boudoir de l'actrice, dans le cabinet du magistrat et dans l'atelier de la grisette, partout, en un mot, où il y a une patte de lièvre à gratter ou un bouton à tourner longuement. Puis, une fois entré, il plaça son chevalet dans le jour le plus favorable, choisit ses couleurs les plus flatteuses, pria son modèle de prendre la pose qui lui séyait le mieux, — et fit alors ce musée officiel que nous savons, et dont les premiers portraits eurent un si grand retentissement.

Mais partout où il n'y eut pas moyen de se faire annoncer, ou même de frapper, — c'est-à-dire là où la porte demeure toujours ouverte, — M. de Jouy recula dédaigneusement, en se disant que son ton et son bel esprit n'avaient rien à faire en tel lieu. Il préféra laisser sa galerie incomplète, plutôt que de la compléter avec de grossières peintures de guinguettes et de cabarets. En descendant les marches qui vont à ces caveaux, peut-être se fût-il exposé à rencontrer quelqu'un de ces ivrognes, comme Hoffmann l'allemand, par exemple, — et qu'eussent dit, je vous le demande, ses élégantes en turban à plumes et ses muscadins en chapeau de paille de riz?

Je répète pourtant que cela n'empêche pas M. de Jouy d'être un homme de beaucoup d'esprit. Il a eu l'esprit du succès. Il venait après Rétif de la Bretonne, ce charbonnier de mœurs, et il a suffisamment expié *les Contemporaines* et *les Nuits de Paris*. Il a eu de l'élégance, de la finesse, de l'observation, du tact, alors que c'était chose presque nouvelle. Brossez et faites retoucher un peu ses toiles, et il vous restera d'agréables cadres d'antichambre, dont il ne faut pas trop faire fi.

M. de Jouy était né académicien. — Il fallait avoir fait bien peu de chose pour ne pas mériter un fauteuil à cette époque. Le *pas même académicien* de Piron n'était plus possible, et les immortels n'étaient point encore tourmentés par cet essaim de moustiques éclos dans les ruches nouvelles du journalisme. Ils marchaient fièrement dans leur force et dans leur liberté, comme l'*Othello* de leur camarade Ducis. Ils étaient eux-mêmes leurs critiques et leurs courtisans. Jamais l'Académie ne fut environnée de tant de majesté sereine. Jamais cette *bonne personne,* comme l'appelait Voltaire, ne parla tant d'elle-même que lorsqu'il n'y eut plus personne pour en parler.

On lui donna le fauteuil de Parny, — celui-là qui se roulait sur un lit de roses, et rimait chaque matin les baisers de la veille. Un poëte trop impie cependant pour être bien amoureux, et un drôle d'académicien à vrai dire : un marquis en habit de berger, qui avait crayonné douze chants de blasphèmes en se jouant, — *la Guerre des Dieux,* — que vous vous rappelez peut-être pour l'avoir lue avec un souriant effroi. C'était le seul fauteuil vacant, et M. de Jouy n'eut garde de le refuser.

Je m'aperçois que je laisse de côté les dates. Pour peu que vous y teniez cependant, je vous apprendrai que M. de Jouy a vécu soixante-dix-sept ans, et qu'il est né dans la vallée de Bièvre.

Douce vallée de Bièvre ! — Il n'a jamais perdu de vue ses frais ombrages, ses gazons verts et ses troupeaux blancs. Même dans l'Inde, en France, au plus fort de la terreur, en Suisse, en Belgique, en Italie, M. de Jouy est toujours resté l'homme de la vallée de Bièvre. Le *beau* du consulat et de l'empire, l'*ermite*, le *causeur*, le *franc-parleur* n'a jamais pu dépouiller entièrement le villageois de Seine-et-Oise, — bon et naïf villageois, avec du bon sens et de l'esprit *itou*, le coq de son village et aussi des grandes villes !

Il se perdit pourtant par la politique. C'est là le mal. —Il avait fait des vaudevilles pleins de sel et de calembours, des opéras tout brillants de feux de Bengale, des romans *palpitants d'actualité*, des tragédies jouées par Talma. Il se dit que la politique n'était qu'une autre espèce d'opéra et de tragédie, et que le premier-Paris se traitait absolument comme le couplet de facture. Parce qu'il avait coiffé un comédien d'une perruque de sa façon et que le public s'était mis à trembler devant cette perruque, M. de Jouy voulut confectionner des toupets en grand et en coiffer non plus les comédiens du Théâtre-Français, mais les comédiens des Tuileries, cette fois.

Il entra donc dans *le Courrier français* comme il serait entré dans le vestibule de l'Académie royale de Musique. L'ermite jeta le froc aux orties, ou plutôt il se fit ermite politique pour sa dernière métamorphose. Il regarda l'affiche de ce jour-là, et, comme on donnait le spectacle de l'opposition libérale (première représentation), il se dirigea, non plus vers la salle, mais dans les coulisses, où il demanda un casque et une épée de comparse, en chantant de toute la force de ses poumons ce que Duprez devait chanter plus tard : *Amis, secondez ma vaillance!*

Un jour, il rencontra Benjamin Constant qui lui rit au nez. — M. de Jouy faillit se fâcher, et lui demanda sérieusement si ce nouveau costume ne lui allait pas aussi bien qu'à tout autre. Et, à ce sujet, il le pria d'écouter un instant ce petit morceau d'éloquence sur les affaires intérieures, et puis cet autre aussi sur nos relations avec le cabinet de Londres. Et quand M. de Jouy eut fini, il n'attendit pas que Benjamin Constant lui eut répondu pour lui dire son avis, il s'en alla tout droit faire imprimer ses deux articles. — Ces poëtes sont tous ainsi. Il leur faut absolument la politique pour baisser de rideau.

M. de Jouy fut un des derniers voltairiens, — un voltairien paisible et inoffensif toutefois, le Voltaire du *Temple du Goût* et celui de la tragédie de *Tancrède*, un Voltaire fort présentable, comme vous voyez, et qui n'a jamais eu maille à partir avec les lettres de cachet, — ce qui ne l'empêcha pas d'être un enragé de modéré, lui aussi, en ce sens que nul n'est resté plus tenace dans son principe, plus ardent dans sa conviction, plus ferme dans son chemin. Je parle du Jouy littéraire. —

Le Jouy politique, c'est autre chose. Une croix de Saint-Louis qu'on lui refusa le détourna brusquement de sa route. Le Jouy littéraire avait eu toutes les croix de Saint-Louis qu'il avait désirées.

Avec lui s'en sont allées les dernières traces de cette école de l'esprit sans poésie, et de la poésie sans enthousiasme. — Le beau hussard de l'Empire, qui avait été l'élégant marquis du dix-huitième siècle, tombe sur le champ de bataille, la poitrine froide sous son échelle de galons. Et l'on s'aperçoit en ce moment qu'il n'est point mort d'un boulet ou d'un coup de sabre, ainsi qu'on le pensait, mais tout vulgairement d'un anévrisme et comme le premier poitrinaire venu. Il n'a pas été tué, il s'est éteint. Seulement il s'est éteint au champ d'honneur, et sa mort a eu tout le prestige d'une mort militaire.

Telle est l'histoire du grand duel de 1830. — L'école de Voltaire tomba dans la fosse avant d'y être poussée. Jusqu'au dernier moment, elle eut encore l'art de dissimuler son agonie, de mettre du fard sous ses rides et de faire de son râle une tirade solennelle. Le jour de sa mort, elle mit sa cravate la plus blanche, son bas de soie le plus fin, son habit le plus académique, et elle se rendit sur le terrain, appuyé simplement au bras d'un vieux valet de chambre. Là elle regarda l'heure qu'il était à sa montre, et, sentant qu'il lui restait encore quelques minutes de bravade, elle les employa à tirer lentement ses gants et à se boutonner jusqu'au menton d'un air héroïque. Puis, elle se mit en garde, et, après avoir croisé le fer, elle s'affaissa tout à coup en portant la main à son cœur et s'écriant : — Touché...

Mensonge! — L'école de Voltaire est morte de sa belle mort, et sans avoir eu besoin de personne pour l'y aider. Elle est morte de vieillesse, et pas autrement; parce qu'elle avait vécu sa vie pleine et entière, et qu'il était temps de mourir. — Une belle vie, rapide, bruyante, féconde, et qui fait qu'il lui sera beaucoup pardonné, parce que son exemple aura beaucoup profité.

Ses derniers disciples, — en tête M. de Jouy, — l'assistèrent pieusement jusqu'à la fin. Ils reculèrent autant que possible l'instant fatal, et escarmouchèrent autour d'elle avec une présence d'esprit et un semblant de sécurité vraiment remarquables. A peine si l'on compte une défection dans cet autre Waterloo, — celle de M. Soumet, un Bourmont littéraire. On eut dit qu'ils avaient encore cent ans à vivre, tant leur riposte était allègre et leur coup de feu décisif. L'opinion publique en fut ébranlée plus d'une fois et n'en assista que plus curieusement à ce dernier acte de tragi-comédie.

M. de Jouy s'est beaucoup moqué de nous dans ces derniers temps-là. — Il a eu quelquefois raison. Il préférait toujours son carrick à nos surcots moyen âge, à nos manteaux espagnols, à nos robes dantesques, à nos ailes mystiques de séraphin, — voire même à la feuille de vigne de la Morgue, où il nous a si souvent reproché d'aller quérir nos héros. M. de Jouy nous a longuement poursuivis de ce mot terrible. Il a vaillamment combattu l'essor du romantisme, il s'est opposé de toutes ses forces à l'invasion des barbares; — puis, enfin, quand le torrent révolutionnaire s'est épandu par toutes les digues débordées, il s'est sauvé de Paris, comme le soldat des Thermopyles, et il ne s'est arrêté qu'à Saint-Germain, où il est mort dans ses œuvres complètes, — vingt-quatre volumes in-octavo.

Ci-gît M. de Jouy.

M. Clément Caraguel, dans la *Revue nouvelle,* et M. Auguste Vitu dans le *Messager de l'Assemblée,* ont tracé de vives esquisses de M. de Jouy. Il faut les consulter.

Mais le seul auteur qui puisse écrire *avec certitude* la vie de M. de Jouy — et qui, par cela même, ne l'a pas encore écrite, — c'est le malicieux M. Philarète Chasles. Il a été longtemps le secrétaire de l'auteur de la *Vestale,* et il sait les plus ravissantes anecdotes sur cet avant-dernier Voltairien.

FRÉDÉRIC SOULIÉ.

FRÉDÉRIC SOULIÉ.

« Paris est le tonneau des Danaïdes : on lui jette les illusions de sa jeunesse, les projets de son âge mûr, les regrets de ses cheveux blancs ; il enfouit tout et ne rend rien. O jeunes gens que le hasard n'a pas encore amenés dans sa dévorante atmosphère, ne venez pas à Paris si l'ambition d'une sainte gloire vous dévore ! Quand vous aurez demandé au peuple une oreille attentive pour celui qui parle bien et honnêtement, vous le verrez suspendu aux récits grossiers d'un trivial écrivain, aux récits effrayants d'une gazette criminelle ; vous verrez le public crier à votre muse : Va-t'en, ou amuse-moi ; il me faut des astringents et des moxas pour ranimer mes sensations éteintes ; as-tu des incestes furibonds ou des adultères monstrueux, d'effrayantes bacchanales de crimes ou des passions impossibles à me raconter? Alors parle, je t'écouterai une heure le temps durant lequel je sentirai ta plume âcre et envenimée courir sur ma sensibilité calleuse ou gangrenée ; sinon tais-toi, va mourir dans la misère et l'obscurité. — La misère et l'obscurité, entendez-vous? jeunes gens. La misère, ce vice puni par le mépris ; l'obscurité, ce supplice si bien nommé. La misère et l'obscurité, vous n'en voudrez pas! Et alors que ferez-vous jeunes gens? Vous prendrez une plume, une feuille de papier et vous écrirez en tête : *Mémoires du Diable*, et vous direz au siècle : Ah! vous voulez de cruelles choses pour vous réjouir ; soit, monseigneur, voici un coin de votre histoire. »

La vie de Frédéric Soulié est toute dans ces lignes, — préface amère d'un livre de rage et de larmes.

En a-t-il fait passer assez de douleurs inouïes, d'aventures étranges, de drames éplorés, sous cette arche triomphale élevée à Satan dans un jour de désespoir! Ce n'était plus avec une plume, c'était avec un charbon rouge qu'il écrivait. Son diable n'avait aucune des traditions de Lewis ou de Maturin ; il était vêtu de noir et de blanc comme un valseur, mais il était réel comme un procureur de la République. Cela le rendait encore plus effrayant à voir et à lire. — Frédéric Soulié qui l'avait appelé à lui pour fuir la misère et l'obscurité, une nuit que ses larmes tombaient silencieusement sur ses vers inconnus et sur ses histoires d'amour incomprises, dut hésiter avant de se cramponner à la queue du manteau qui allait l'enlever de terre. Il renonçait pour longtemps, pour toujours peut-être, aux douces causeries avec la muse de sa jeunesse et de son cœur ; il partait pour un voyage lointain et hardi, à travers les routes tortueuses du monde, les alcôves, les boudoirs, les comptoirs, les estaminets et la cour d'assises. Il pouvait ne pas revenir de ce voyage.

Il n'en est pas revenu, en effet.

A dater de cette heure, sa littérature est devenue une littérature à coups de pistolet, un couteau incessamment plongé et remué dans la gorge de l'humanité, une perpétuelle cause célèbre. A peine si de temps en temps il lui a été donné de se ressouvenir, comme dans le *Lion amoureux*, qu'il y avait çà et là des amours chastes dispersés sur la terre, des bouquets séchés à des corsages de seize ans, des rendez-vous sous les tilleuls enivrants des avenues. Le diable l'emportait dans une course sans frein, haletante, pleine de ricanements. Et tous les deux s'en allaient terribles, implacables, tuer des hommes, déshonorer des femmes, déchirer des voiles et des parures, pour le seul plaisir de philosopher tranquillement, un instant après, au fond d'un ravin, ou sur un sofa taché de sang. — Pauvre Frédéric Soulié ! né poëte, mort poëte, sans avoir eu son heure suprême de poésie !

C'était une plume vaillante, un esprit énergique, un talent incontestable. Son nom reste attaché à plus de cent volumes : roman, drame, histoire, opéra, critique même, il a tout abordé, il a touché à tous les rivages de la littérature. Sans avoir la loupe microscopique de Balzac, la touche passionnée de George Sand, la verve gasconne d'Alexandre Dumas, il a glorieusement conquis une place à leur côté. Ceux-ci avaient l'esprit, la grâce, la fantaisie, l'amour, la passion ; lui a eu la force, qui lui a souvent tenu lieu de tout. Aussi quels muscles dans ses drames ! C'est l'homme des colères par excellence, des haines vigoureuses, des violences farouches ! — Et jusqu'à : *Je vous aime !* tout s'y dit brutalement. Cette brutalité a fait deux ou trois chefs-d'œuvre, *Clotilde*, les *Mémoires du Diable* et la *Closerie des Genêts*.

Il débuta vers 1830, comme tout le monde, avec des drames à la Shakespeare et deux ou trois romans dans le goût de sir Walter Scott. On lui siffla ses drames, comme on sifflait tous les drames en ce temps-là. « C'est, en vérité, un pitoyable métier que celui d'auteur dramatique, s'écrie-t-il dans une préface... vous avez égorgé mon drame sans le connaître !.. » Pourtant, il ne se rebuta pas, parce qu'il avait la force. Le Théâtre-Français lui fut plus heureux que l'Odéon. Il fit des comédies avec M. Bossange, avec M. Arnauld, avec feu M. Badon, avec tout le monde ; il fit un opéra-comique avec Monpou, le pittoresque musicien qui l'a précédé au tombeau ; — et d'opéra en comédie, de comédie en drame, de drame en roman, il commença peu à peu à s'appeler Frédéric Soulié.

Alors, il se remit à travailler tout seul. *Clotilde* avait donné la mesure de ce talent fougueux et volontaire, *Diane de Chivry* en révéla les aspects attendris. Il entra en maître dans le roman-feuilleton, botté, éperonné, cravaché, et il lança à fond de train dans les journaux ses histoires altières et sauvages. Pendant dix ans il s'est attaché à peindre la société sous les couleurs les plus sombres; pendant dix ans il a disputé pied à pied le premier rang où il s'est placé du second coup; pendant dix ans il a tenu en échec les succès d'Eugène Sue; il a balancé la fécondité de l'auteur des *Mousquetaires;* il a fait tête aux nouveaux venus poussés de toutes parts et dressés en une nuit autour des réputations anciennes. Rien n'a réussi à l'abattre, nul ne l'a fait pâlir. Seulement, quand la critique a été lasse de le mordre par les côtés attaquables de ses livres et de ses pièces, il s'est retourné et il s'est fait critique à son tour; critique de théâtre et de roman; rien que pour quelques semaines, — histoire de rire, — et mal en a pris à ses ennemis et à ses détracteurs. C'était la griffe du léopard jouant à la main chaude.

Nous ne rappellerons pas tous les romans de Frédéric Soulié, dont il est réservé à l'avenir de faire le triage. Plusieurs ne sont que de chaleureuses improvisations. Nous nous contenterons d'en citer trois ou quatre qui se trouvent dans toutes les mémoires, tels que le *Maître d'école*, brûlante esquisse révolutionnaire; les *Drames inconnus*, qui contiennent une idée immense, et la *Comtesse de Monrion*, — bonne chose.

C'est plutôt par l'idée que par la forme, et c'est surtout par l'action, par le sentiment, par la véhémence en un mot, que la plupart des œuvres de Frédéric Soulié resteront vivantes dans l'histoire littéraire du dix-neuvième siècle. Nous le répétons, parce que là est le côté distinctif de son talent. Chez lui, la forme, à proprement parler, ne tient le plus souvent qu'une place secondaire. Il marche, non point pour faire admirer

2.

la grâce de sa tournure ou la richesse de son habit, mais pour arriver tout bonnement au but qu'il se propose. Ce n'est point un auteur petit-maître, chaussé d'escarpins à talons rouges, qui procède par entrechats et par cabrioles, faisant la roue et secouant la poudre de ses cheveux; c'est un voyageur en souliers ferrés, avec un bâton ferré, emporté sur un chemin ferré. S'il rencontre en route une bonne fortune de style, il la saisit par la fenêtre du wagon, mais il ne la guettera point; ou si, dans l'intervalle d'une station, il s'arrête à piper des mots en l'air, ce sera alors quelque grosse excentricité, comme « une voix éperonnée de sourires moqueurs; » mais ces curiosités sont heureusement rares chez lui, et il faut vraiment qu'il n'ait rien de mieux à faire pour s'amuser à guillocher des phrases de la même façon qu'un pâtre guilloche un aubier.

Au théâtre, son succès est peut-être moins net, moins franc, moins décidé. Longtemps il a cherché sa route à travers la tragédie, la comédie et le drame; souvent on dirait qu'il se sent à l'étroit sur les planches du théâtre : il est saccadé, contraint : il ose trop et n'ose pas assez. Le *Proscrit* et *Gaëtan*, quoique renfermant des scènes d'une beauté réelle, sont peut-être indignes de l'homme qui a écrit *Clotilde*. Dans ces derniers temps il avait installé son drame en plein boulevart. — Son drame s'appela dès lors l'*Ouvrier*, les *Étudiants, la Closerie* et devint le drame du peuple. Il dit adieu aux grandes dames de la comédie, comme il avait déjà dit adieu aux grandes dames du roman; il prit ses héros et ses héroïnes dans la rue, dans la mansarde, un peu partout; il ne s'inquiéta pas s'ils étaient bien ou mal vêtus, bien ou mal nourris. Il copia ses ouvriers comme Murillo copiait ses mendiants, avec la même fierté dans le même réalisme. — Sa dernière œuvre indiquait un acheminement à la véritable poésie, simple et forte, à la poésie de cœur.

Frédéric Soulié est mort à quarante-sept ans.

FERDINAND FLOCON.

FERDINAND FLOCON.

«... Je songeais combien l'homme est incertain de lui-même et des autres; comme il est trompeur et variable; comme les meilleurs commencements dégénèrent en fins détestables. Je me rappelais que souvent, dans les temps de fermentation, un inconnu sort de la foule et rentre dans l'obscurité, sans que rien dans sa conduite suivante dénote en lui des qualités supérieures. Combien, après avoir jeté un éclair passager, ont péri misérablement..... Fragiles jouets du hasard! création incomplète et manquée! »
FERDINAND FLOCON. *Distraction*, t. I, p. 309.

Il faut se hâter de fixer au mur, par une épingle, ces papillons rouges de la République.

Pour peu que cela continue en effet, l'avenir court

grand risque de ne connaître M. Flocon que par son portrait lithographié et par ses discours au *Moniteur*. Évidemment ce n'est pas assez, surtout quand il s'agit de quelqu'un qui a gouverné la France, — provisoirement, bien entendu.

On se tromperait toutefois en pensant que notre intention est de renouveler les facéties des petits journaux sur la politique de M. Flocon, envisagée au point de vue du carambolage par les bandes de la vie privée. La scène de notre récit se passerait plutôt à l'hôtel Rambouillet qu'à l'estaminet Sainte-Agnès, — car c'est surtout M. *Flocon littérateur* que nous nous proposons de faire connaître à ceux qui ont l'air de croire que la République couleur lie-de-vin manque totalement de grammaire et de style.

Avant d'être un homme d'État, M. Ferdinand Flocon a été un poëte et un romancier.

Comme M. Alph. de Lamartine, — absolument.

Avant de tonner à la tribune, il a modulé des stances ; avant de dater des décrets du palais de Saint-Cloud, il a composé des romans sous les ombrages de Bellevue. Il a été un cygne aux heures frémissantes de la jeunesse Ce sont ses ailes blanches que nous avons retrouvées par hasard, et que nous voulons lui rajuster au dos.

Il est toujours temps à la critique de revenir sur ses oublis, sur ses dédains ou sur ses paresses. C'est sa propriété imprescriptible que la pensée imprimée d'un homme ; et qu'un jour ou l'autre la fantaisie lui prenne de visiter ses domaines, alors il n'est pas rare de la voir s'arrêter devant quelque œuvre oubliée, en disant, comme un propriétaire à ceux qui le suivent : — Faites apprêter cette masure, j'y viendrai coucher après-demain.

Qu'on ne s'étonne donc pas de nous voir venir si tardivement examiner l'œuvre poétique et littéraire de M. Flocon. A notre grande honte, nous devons avouer que les *Ballades* et *Distraction* nous étaient à peu près inconnues jusqu'à ce jour. C'est le ministre qui a mis en relief le romancier ; c'est l'agriculteur qui nous a dénoncé le poëte. Les portefeuilles sont encore bons à quelque chose.

Mais aussi, qui l'eût pensé ? Tous ces républicains de la veille qui ont de si bouillantes colères et qui fument dans de si grandes pipes, ces marquis du pavé, ces politiques faits d'un seul morceau, — comment croire qu'ils cachent dans un coin de leur vie, celui-là un roman, celui-ci un volume de bouquets à Chloris ? Telle est pourtant la vérité. La jeunesse de Sobrier n'est qu'une longue idylle, pleine de strophes murmurantes et de blondes amours, dont les gardes nationaux ont trouvé les feuillets épars sous une collection de la *Commune de Paris*. Barbès raconte qu'il ne lisait ses prières que dans le paroissien de lord Byron. Demain, peut-être, le hasard nous fera-t-il tomber sur un vaudeville signé Scribe et Blanqui.

I

M. Ferdinand Flocon est venu en plein mouvemen[t] romantique ; son premier livre date de 1827 (1), et i[l] s'en exhale je ne sais quelles odeurs pénétrante[s] mêlées à d'inquiets murmures, sons du cor, par[-]fums de bruyères, vacillements de lampes, brouillard[s] sur l'eau de l'étang, galop de cheval dans la nuit, gla[s] des funérailles, et tout le cortége ondoyant des ombre[s] de la littérature allemande. C'est un recueil de ballade[s] empruntées pour la plupart à Bürger et à Kœsegarten[,] ces deux poëtes de rondes infernales, de chevalier[s] noirs et de pâles fiancées. Dès la première page, hurrah[,] hurrah ! nous entrons dans l'épaisse forêt sans issue[,] pleine de ricanements fantastiques et d'invisibles bruis[-]sements d'ailes ; voici accourir, passer et disparaître[,] les mille langues rouges d'une meute silencieuse ; un[e] cloche lugubre tinte au fond d'un ravin, des forme[s] vagues et allongées se cramponnent après les nuées li[-]vides engouffrées dans les branches : ce sont les sor[-]cières du manoir de Stuern-Sturn ! — M. Flocon excell[e] dans cette littérature de manche à balai. La lecture d[e] ses *ballades* nous a procuré les mêmes sensations qu'a[u] sortir d'un bain de clair de lune, comme dit Vacquerie[.]

Mais, Seigneur ! pourquoi tant de crimes, de sou[-]

(1) *Ballades allemandes*, 1 vol in-32.

pirs funèbres, de squelettes et de souterrains ! Je ne puis relire sans trembler et sans pousser des gémissements sinistres, cette terrible histoire du *Ralunke* qu'il nous raconte avec une cruauté si froide. Le *Ralunke* est un pirate célèbre qui habite la forteresse de Ralow, à l'ouest de Rugen, au lieu où Paulitz *élève sa tête superbe au-dessus des flots.* « Son cœur est insatiable
» comme le torrent de Glolcha ; son regard est som-
» bre comme le Rugand entouré d'une brume téné-
» breuse ; ses cheveux raides et hérissés ressemblent
» aux épines de la crête buissonneuse de Dolble-
» worth. Rurich aux cheveux roux, et Rawen aux
» noirs sourcils, sont ses compagnons féroces. » Ainsi parle M. Flocon, passé maître en fait d'épouvante et de terreurs injectées de sang. Jamais Anne Radcliffe n'a mieux réussi le frisson ; jamais plus beau succès de chair de poule ne fut obtenu par Félix Davin et son *Crapaud.* — Brrrr !.....

On concevra du reste, que nous hésitions à poursuivre l'histoire du *Ralunke*, quand nous aurons donné une idée des barricades d'orthographe qu'il faut franchir pour arriver au dénouement. Voici seulement quelques mots, sentinelles avancées, qui gardent l'entrée de ce poëme : Boldewish, Prora, Stralsund, Redewisch, Jaromar, Zyrzypanes, Rostok, Hérégunde, Obotrites, Stubenkemmer, etc., etc. Ah ! vous voulez de la couleur ; parbleu ! nous allons montrer que nous n'en sommes pas chiches, et que Macpherson lui-même n'est qu'un ingriste à côté de M. Flocon ! — Mais on aurait tort de croire que tout le volume est conçu dans un esprit semblable. Il est, il est dans ce recueil de douces chosés : des jeunes filles, dont la taille élancée a l[a] grâce du bouleau flexible ; il est des paroles d'amou[r] murmurées à des oreilles de vingt ans. Ce ne sont qu[e] des traductions, mais avec quel charme le traducteu[r] rend la pensée du poëte ! « Il m'a donné des soulier[s] avec des boucles d'argent, mais *je n'y ai* trouvé ni l[e] repos ni la tranquillité. » C'est Kœsegarten qui s'ex[-]prime de la sorte par la bouche mélodieuse de M. Flo[-]con. Je n'en suis pas surpris.

Malgré le succès (probable) des *Ballades allemandes* son auteur laissa s'écouler un intervalle de six ans entr[e] son premier et son deuxième ouvrage. Ce qu'il fit pen[-]dant ce temps-là, on n'en sait trop rien ; il fit de l[a] conspiration et de la sténographie. Un matin des jour[-]nées de Juillet, il fut rencontré coiffé d'un chapeau d[e] paille à la Robinson, vêtu d'une blouse blanche ave[c] une gourde et une poire à poudre à la ceinture. Il s'é[-]tait battu comme un lion. Passant près de l'Opéra-Comique, l'œil encore étincelant, il monta dans le[s] bureaux du *National* pour causer politique. Mais l[a] rédaction venait de sortir.

Quelque temps après on le retrouve à la Conciergerie ; penché sur une méchante table, il écrit un roma[n] en deux volumes qu'il intitule *Distraction*, et avec le[-]quel il charme les loisirs de son *carcere duro*. C'est so[n] second accès de littérature ; et sans de telles circonstan[-]ces, probablement en eussions-nous été privés. A pré[-]sent, on sait la manière de s'y prendre pour le prendre[.] Enfermez-le huit jours, il fera une ode ; quinze jours il fera un roman. — Si j'étais l'Académie, j'y songerai peut-être !

Distraction (1) ne parut qu'en 1833, à l'époque bouillonnante où Dumas, Eugène Sue et Frédéric Soulié commençaient à conter quelques-uns de ces contes qu'ils contaient si bien. *Distraction* — un titre bien innocent — est dédié aux *patriotes détenus* de Pélagie et du Mont-Michel (M. Flocon supprime les *saints*, c'est de tradition, et tout à l'heure nous le verrons supprimer le bon Dieu). *Distraction* est un assemblage de nouvelles, petites et grandes, joviales et cruelles, dont l'analyse amusera peut-être un instant le lecteur. Prenons la première, intitulée : *Aventures de Félix Duval*.

Les *Aventures de Félix Duval* commencent de la même façon qu'un chapitre de *Faublas* ou qu'un conte en paniers de Crébillon le fils. C'est de la paillette et du fard. On est à table avec des marquises, des financiers, des poëtes et des militaires ; le petit abbé de Vercourt, *qui grasseye en parlant et lance des œillades à toutes les dames,* discute avec feu sur les jambes et les hanches d'une danseuse de l'Opéra, qu'il compare à la *déesse de la volupté.* Le tour galant de cette conversation embarrasse beaucoup un séminariste de dix-huit ans, Félix Duval, que le hasard a placé à côté de *madame de Solanges,* petite brune au nez retroussé, qui ne cesse d'appuyer sa jambe contre la sienne. « Chaque fois que la conversation prenait certaine tournure, et que l'abbé mettait plus de chaleur dans la description d'une jolie femme, le genou de ma voisine se pressait contre le mien ; ses yeux étincelants se fixaient sur mes yeux, sa main serrait la mienne à la dérobée. » On voit, du pre-

(1) *Distraction*, 2 vol. in-8.

mier coup, que nous avons affaire à une plume à barbes soyeuses, trempée dans l'eau de rose de la cour taillée avec le canif de Voisenon ou de Laclos.

Le dîner terminé, la société passe au salon où de cercles se forment; on joue, on cause, on fait de la musique. Dans l'embrasure d'une fenêtre, l'abbé de Vercourt coquète avec une ingénue qui travaille à la broderie, il sourit, il pirouette, il se baisse comme pour mieux examiner le travail, et ses lèvres effleurent une blanche épaule.

— « Mon Dieu, mademoiselle, est-ce vous qui avez brodé cette dentelle?

» En parlant ainsi, il passait ses doigts sous la dentelle qui bordait sa robe et découvrait à demi son sein qu'il parcourait de regards avides et enflammés... » Holà! n'est-ce pas aller un peu loin dans la littérature d'éventail, et M. Ferdinand Flocon, comme autrefois Duclos, ne prend-il pas par hasard ses lectrices pour de *trop honnêtes femmes?*

Mais, c'est si amusant de faire du style poudré, ambré, chaussé de soie, galonné de fin! Il y a tant de charme à coudre à son poignet une manchette en pure Malines, à prendre du tabac d'Espagne dans une boîte à double fond, à jurer *la sembleu* ou *la peste m'étouffe!* que, vraisemblablement, M. Flocon n'aura point su résister à la tentation de s'en passer le caprice une fois dans sa vie. Comme le Pasquin de l'*Homme à bonne fortunes,* il s'est affublé de l'habit de Moncade : « Çà, prenons ce divin justaucorps; non, commençons par la rhingrave... la peste! qu'elle est étroite, et faut-il tant de façons! un coup de ciseaux, trois ou quatre points d'aiguilles ne sont pas une affaire. Allons donc, mes hanches, abaissez-vous... Elles n'en font rien... Qu'importe ! je dirai qu'on les porte comme cela ; vous verrez que j'amènerai la mode des hanches hautes. Voici un justaucorps qui ne me paraît pas trop facile à mettre ; ces maudits tailleurs font les boutonnières si éloignées des boutons... j'y crèverai ! Que ne fait-on point pour aller en bonne fortune ?... Morbleu, je veux faire oublier que Moncade est au monde. Tête-bleu, j'oubliais le meilleur, de l'eau de fleur d'orange ; peut-on aller en bonne fortune sans eau de fleur d'orange !... Voilà qui est bien ; j'ai, ce me semble, tout l'attirail de bonne fortune ; Dieu nous garde de malencontre ! »

Ainsi dit Pasquin ; ainsi fait M. Ferdinand Flocon, et le roman s'en va de la sorte, sautillant sur le bout du pied, lorgnant les duchesses et empestant *l'eau de fleur d'orange*. Le petit Duval s'éprend de la belle Eugénie, qui est la jeune fille à collerette chiffonnée ; il se promène avec elle dans des sites *romantiques*, au fond des allées sombres d'un parc solitaire. Ses intentions sont pures ; il veut fermement l'épouser ; et il l'épouse en effet, — mais un peu à la manière de l'Ingénu épousant mademoiselle de Kerkaradec. « Un soir que nos paroles étaient plus enflammées que de coutume.... » Ainsi débute cet épisode badin, qui se termine par ces mots : « Un banc de gazon se trouvait là. »

Passons vite.

Heureusement que nous en avons fini avec l'épicuréisme, et que le lecteur n'aura plus à nous suivre désormais, la joue allumée, dans ces petits sentiers semés de boutons de roses. Le romancier jette sa couronne de

myrtes, et, passant à un autre ordre d'idées, il se met
en devoir de triturer la matière dramatique, en homme
qui possède à fond son Ducray-Duminil et ses *Mystères
d'Udolphe*. Il ne se refuse rien, ni les duels au clair de
lune, ni les voyages en berline, ni l'enlèvement par quatre
inconnus, ni le souterrain de rigueur au fond duquel
va s'éloignant *une petite lumière pâle et vacillante*. Il
y a même un chapitre intitulé le *Couvent de Nonnes*,
et dans ce chapitre le passage suivant où le héros de
M. Flocon fait le candide aveu de son athéisme : « Cette
messe m'offrit un intérêt prodigieux et nouveau. *Mais je
ne croyais plus*. J'aurais souhaité vainement de croire ;
j'enviais le sort de ceux qui trouvaient un appui hors
d'eux-mêmes, qui pouvaient mettre leur confiance dans
un être supérieur et secourable, qui, lorsqu'il ne leur
restait plus d'espoir dans cette vie, pouvaient encore
avoir une espérance au delà. Pour moi, je me sentais
réduit *à mes seules forces*. » Comme on voit, nous faisons
du chemin ; tout à l'heure nous étions en plein Louvet,
maintenant nous sommes en plein Laharpe, — Laharpe
coiffant le bonnet rouge sur le maître autel de Notre-
Dame et niant la divinité !

M. Flocon nous fait également assister à la prise de
la Bastille. Cela venait de source. Là il est joyeux ; là il
est brillant, là il bondit comme la salamandre en jupon
d'or dans un feu de Saint-Jean. Sus aux aristocrates,
vive la liberté ! C'est le beau moment de son livre, et
cependant, on s'aperçoit qu'il y apporte une sorte de
discrétion. Il ne fait mettre à la lanterne que deux ou
trois exempts, *vils émissaires de la tyrannie*. Une dou-
zaine de pages suffisent à son délire. Il est évident qu'il

ménage ses moyens, comme une basse-taille d'opéra qui n'en est qu'à son premier acte.

Eh bien! voilà justement ce qui vous trompe. Les *Aventures de Félix Duval* n'ont pas de dénouement ; elles s'arrêtent court. Après avoir longtemps parcouru le monde le héros retrouve au bord du Rhin dans une auberge qui est le rendez-vous de chasse des *feldyœgers,* une dame inconnue, qui n'est autre que l'innocente du premier chapitre ! — Depuis ce temps, il y a eu bien des accrocs à sa collerette, et pas mal de bancs de gazon sur son chemin ! — Mais qu'est-ce que cela prouve ? Éplorée et joyeuse, Eugénie se jette dans ses bras en s'écriant :

— Ah ! monsieur Félix ! m'abandonnerez-vous dans cette affreuse position ?...

« *Ici finissent les mémoires de Félix Duval,* dit M. Flocon, *et toutes les recherches que nous avons faites pour suppléer au défaut du manuscrit original sont restées inutiles.* » Pour le coup, nous voilà bien tombés, et c'était bien la peine de commencer ce roman folâtre et funèbre, mi-partie Paul de Kock et mi-partie Dinocourt, pour arriver à la fin sans trouver une porte de sortie ! Ça, je veux qu'on m'ouvre, ou je crie à l'abus de confiance. Holà ! ne m'entendez-vous point ? Mais, après avoir frappé pendant une demi-heure, voici tout ce que je peux tirer de M. Ferdinand Flocon, qui se décide enfin à passer la tête par l'œil-de-bœuf d'un épilogue dérisoire : « Si Félix Duval n'a pas voulu vous faire connaître la suite de ses aventures, sans doute quelque motif personnel l'a décidé à s'arrêter. Peut-être aussi quelque sentiment de honte a-t-il arrêté sa plume. Qui sait si la présence d'Eugénie n'a pas réveillé en lui un senti-

ment qu'il croyait éteint pour toujours? Qui sait si
compassion pour un malheur présent ne lui a pas fa
oublier des fautes passées! Aux hommes de cet
trempe il arrive souvent de ces sortes de surprises; ma
il n'est pas étonnant qu'ils aient peine à en convenir
qu'ils répugnent à faire l'aveu de semblables faiblesses

Et pourquoi donc cela, monsieur Flocon? C'est to
simple et tout naturel. Il n'est pas un seul esprit sup
rieur qui ne soit logé là. Le sourire d'une femme e
l'arme qui sait le mieux se glisser au joint des armure
la chose est devenue si commune aujourd'hui que ce
ne vaut plus la peine de s'en défendre et d'en rougir. -
Des faiblesses! mais jetez donc les yeux autour de vou
regardez dans le présent et dans le passé, et jusqu'a
fond des boudoirs de 93 :

> Ces tribuns précurseurs, dont le nom *vous* est cher,
> Dans leur forte poitrine avaient un cœur de chair;
> Danton, l'ours montagnard, souffrant qu'on le musèle,
> Grognait d'amour, charmé par des yeux de gazelle;
> Louvet, dans les déserts où la loi le traqua,
> Comme la liberté pleurait Lodoïska ;
> Un ange blond veillait au chevet de Camille.....

Ces beaux vers sont de Moreau, — un républicain d
la veille, celui-là, et un poète du lendemain — qui n
pas assez vécu pour voir M. Pagnerre au pouvoir.

II

« C'était, dans toute la force du terme, un homm
de bonne compagnie, aimant la société et y figuran

avec avantage. Il ne fumait pas, ne s'enivrait jamais, ne savait pas jouer et ne se servait que de termes élégants, d'expressions choisies. On eût pu parcourir tous les cafés de la ville sans l'y rencontrer. »

Un semblable éloge paraîtra peut-être singulier au bout de la plume de M. Flocon. Mais il faut faire la part des contradictions forcées du roman. D'ailleurs, cet homme qui ne fume jamais et qui ne va jamais au café, est un gredin dans *Distraction*. Cela change bien les choses.

C'est un séducteur, c'est un ambitieux, c'est un meurtrier. Il noie de ses deux mains une jeune fille, au fond d'une pièce d'eau, sous les nénuphars aux feuilles larges et livides. Ah! le scélérat! On ne s'étonne plus maintenant qu'il ne fume jamais et qu'il n'aille jamais au café. Il est bien digne de porter des gants blancs!

L'histoire de cette canaille superbement vêtue a pour titre : LA VEILLE DES NOCES. On y parle beaucoup de magnétisme et même de socialisme. Un vieillard dit à ce sujet des choses excellentes, que M. Flocon reproduit avec la meilleure volonté du monde : « Oui, c'est avec ces détestables promesses de progrès, de découvertes, de perfectibilité, qu'on a séduit, corrompu, empoisonné une partie de notre jeunesse: car la jeunesse est brave et aventureuse et elle ne s'inquiète guère de risquer tout pour gagner peu; en sorte que l'édifice social, déjà lézardé par le temps, est aujourd'hui battu en brèche de tous côtés par des fous et des enragés qui veulent détruire la maison de leur père, où chacun trouvait dans un coin un aide et un abri, pour élever à la place je ne sais quel monument don[t] les bases et le plan ne sont pas même arrêtés. »

Au fond, il y a vraiment du bon dans la VEILLE DE NOCES.

Je n'y trouve à redire que le dénouement, plein de stupeur comme un dénouement d'Horace Saint-Aubin. Le conseiller Baumgarten donne un bal dans sa maison de campagne, à l'occasion du mariage de sa fille avec *l'homme de bonne compagnie,* qui n'est plus décidément qu'une « poupée parée, cirée, frottée ; espèce d'automate à ressort, qui salue à merveille, qui sourit pour montrer des dents blanches, qui fait voir adroitement une main délicate, » et tous les lieux communs des gens qui n'ont ni mains, ni dents à faire voir. On rit, on danse, la lumière met des carreaux de feu à chaque fenêtre ; haleines et bouquets mêlent leurs parfums dans les harmonies du piano, les pieds glissent avec le son expirant du rabot sur le buis ; tout est bonheur et plaisir....

Silence! on frappe à la porte.

C'est Pierre qui vient de repêcher sa fiancée dans l'étang et qui arrive portant sous le bras son cadavre en robe mouillée et blanche. « D'un coup de pied, il ouvrit avec fracas la salle où les danseurs étaient réunis, et s'avançant au milieu de l'assemblée frappée d'épouvante, il posa le cadavre sur le parquet ! »

Inutile de dire que l'assassin en bottes vernies est condamné à la peine de mort par le tribunal de Weimar. C'est une histoire allemande, voyez-vous, telle qu'il s'en conte encore dans les veillées des chaumières, alors que la girouette grince sur les toits et que les loups remplissent la forêt de leurs lugubres hurlements. — Cette dernière phrase est de moi, et non point de M. Flocon.

Mais, par exemple, si vous voulez entendre quelque chose de terrible et d'inusité, une nouvelle, là, écrite avec un couteau dans de la chair humaine, de la barbarie à la dernière puissance, du convulsif, du frissonnement, du moite; métaphores blêmes, tropes aux dents serrées, hyperboles d'agonie, toute la rhétorique enfin qui se traîne à terre dans une mare de sang, les yeux hors de l'orbite, l'écume blanche aux lèvres, et qui rugit, et qui halète, et qui sautèle, et qui n'en peut plus, — si vous voulez ne vous coucher ce soir qu'avec les cheveux hérissés et le cauchemar en perspective, — alors fermez la porte et écoutez l'histoire du *Bourreau du roi de Sardaigne*. Elle est dans le second volume de *Distraction*, à la page 59. — Distraction, ah! ah! ah! quelle ironie!...

Le bourreau du roi de Sardaigne se met en route par une nuit claire. Il a deux pistolets cachés sous son habit et un poignard à large lame, car on lui a dit de se méfier des bandits de la Lumelina. Le bourreau marche avec précaution. Pendant qu'il prête l'oreille aux sons mourants d'une cloche, il aperçoit quelque chose de sombre étendu à terre au pied d'un mûrier. Le bourreau se penche, mais tout à coup il sent tomber sur ses épaules un homme qui lui passe rapidement une main sous le cou et qui de l'autre lui enfonce la pointe d'un poignard dans le dos.

— Silence! ou tu es mort :

Le bourreau du roi de Sardaigne reste courbé sur le

sol, et, demandant grâce, il s'immobilise sous le stylet demeuré dans la plaie.

— Lève-toi, et marche! lui dit le brigand en lui présentant la bouche d'un pistolet; tu vas me précéder dans le chemin que je t'indiquerai.

Le bourreau obéit, pâle comme l'acier de sa hache et s'engage à travers les escarpements des rochers de Mortara; chaque hésitation est immédiatement suivie d'un coup de stylet qui lui déchire les reins.

A la fin le bourreau du roi de Sardaigne, au lieu d'avancer, se couche sur une roche nue.

— Tu peux me tuer, je n'irai pas plus loin.

— Alors repose-toi, dit le bandit.

Puis, s'asseyant à ses côtés, il se met à fumer tranquillement. Quand sa pipe est finie, il se contente d'approcher le fourneau brûlant du nez de sa victime, qui succombant à la fatigue, s'était assoupie dans ses tortures, et qui se réveille en sursaut, à demi-suffoquée.

— Allons, en route, j'ai hâte d'arriver.

La vue du stylet donne de nouvelles forces au bourreau du roi de Sardaigne, qui recommence à escalader les montagnes, jusqu'à ce que tous les deux arrivent enfin sur un plateau où croissent à peine quelques pins rabougris. Au bruit d'un coup de pistolet, tiré par le bandit et répété par mille échos, une grande figure couverte d'un manteau rouge apparaît au sommet d'une roche.

— Fabio! Fabio! s'écrie cette grande figure.

— Bibiana! répond le brigand en s'élançant à sa rencontre.

Cette Bibiana est une jeune fille de dix-huit ans au plus, d'une beauté éblouissante, avec des dents blanches et des cheveux superbes. Elle a voulu se payer un bourreau, idée comme une autre! Un bourreau pour le massacrer petit à petit, morceau à morceau, pour lui couper le cou lentement et comme avec un canif. Mon amour pour un bourreau! a-t-elle dit à Fabio le bandit, et Fabio est parti un matin en quête d'un bourreau, et le soir il est revenu avec un bourreau. — Voilà le bourreau, Bibiana. — C'est aussi simple que je le raconte. Maintenant que va-t-on faire du bourreau? Ici seulement l'intérêt commence à saigner. Tout ce qui précède est fade comme du massepain.

La jeune fille brandit son poignard. Elle arrive sur le bourreau du roi de Sardaigne, elle se précipite sur lui, elle le renverse, elle le foule aux pieds, elle le frappe et le refrappe de son poignard. Meurtri, couvert de sang, il essaie de se relever.

— Reste-là, dit-elle, en lui posant le pied sur la poitrine et en lui crachant au visage, reste-là, crapaud! rampe, serpent! couche, chien!

Et soudain le prenant à la gorge, elle approche sa bouche de son visage et le mord à la joue.

— Tiens! si tu le tuais tout de suite, dit Fabio.

— Non, par la sainte Vierge, mon Fabio! Il est à moi, tu me l'as promis, tu me l'as donné, tu n'y toucheras plus; c'est moi qui aurai soin de lui, ce cher amour, ce petit ange, ce Jésus de mon cœur (textuel)!

Et avec le manche de son poignard, elle lui porte un coup qui lui casse les dents et le renverse sur un rocher....

Charmante littérature !

Pourtant le bandit s'impatiente, il veut sa récompense ; ses regards, — fagots de bois noir auxquels l'amour vient de mettre le feu, — embrasent la jeune fille et portent un trouble voluptueux dans son cœur. Ici se déroule une scène toute palpitante d'un tendre émoi ; les beaux bras de Bibiana se sont arrondis autour du cou de Fabio ; elle cache sa tête dans son sein ; et le dialogue suivant, doux comme un battement d'aile de colombe, s'engage après un tremolo de baisers :

— Oui, dit Fabio, je tiendrai la route et je t'apporterai la dépouille des voyageurs, hommes ou femmes, n'importe ; mais, Bibiana, sois-moi fidèle, ou, je le jure, ce stylet te percera le cœur !

— Fou ! dit-elle en riant, le mien ferait d'abord connaissance avec tes côtes.

Et, tout en jouant avec l'arme meurtrière elle en frappe légèrement son amant à la poitrine, et essuie le sang avec ses lèvres.

Très-coquet ! Mais assez d'idylles amoureuses comme cela. Il s'agit de retuer le bourreau maintenant. Le bourreau n'a que trente blessures ; le bourreau peut en supporter davantage. On retourne donc au bourreau. Bibiana lui allonge un coup de pied dans les reins : il tombe sur le ventre. Alors Bibiana se baisse sur lui ; le bourreau pousse un cri terrible et se roule en se débattant sur la roche rougie. Avec son poignard, Bibiana vient de lui couper les muscles du jarret : l'arme a pénétré jusqu'à l'os. Désormais le bourreau ne marchera plus. On l'enchaîne au tronc d'un arbre et on lui donne à manger. Mange, bourreau !

Au bout de quelques heures ce divertissement paraît monotone aux deux amoureux. La satiété amène le dégoût. Le bourreau du roi de Sardaigne ne leur offre plus rien de neuf; il est plat et insignifiant; il ne sait pas souffrir. Décidément, ce n'est qu'un intrigant, ce bourreau.

— Bibiana, qu'est-ce que nous pourrions nous procurer de mieux?

— Parbleu! s'écrie Bibiana comme frappée d'une idée lumineuse, il nous faut un juge! Oui, le juge après le bourreau! C'est logique. Amène-moi un juge et je t'enivrerai de telles caresses que tu ne sauras plus si tu es encore de ce monde, ou si tu n'es pas d'avance transporté dans le paradis (toujours textuel).

— Je pars! s'écrie Fabio, exalté.

Et il fait à la hâte ses préparatifs de voyage: quelques provisions dans sa gibecière, des figues, du tabac et le stylet d'usage dans la poitrine. Après quoi, il embrasse Bibiana.

— Un juge, mon ami, mon cher Fabio, un juge!

Va pour le juge. Mais cette fois le juge ne se laissera pas prendre aussi facilement que le bourreau. Un juge ne se promène pas tout seul sur les grandes routes, après le coucher du soleil, comme un simple bourreau du bon Dieu. Nos brigands sont des ambitieux et des insensés. Au lieu de se contenter de leur bourreau, et de vivre sagement là-dessus, ils rêvent des plaisirs au-dessus de leur état. C'est mal. Aussi les doigts en cuiront à mons Fabio, et voyez: — au lieu de ramener son juge au logis, c'est la gendarmerie qu'il ramène à ses trousses.

C'en est fait, hélas! le jeune couple des montagnes touche à son heure dernière. Fabio et Bibiana vont être moissonnés dans leur fleur. Adieu, adieu, la vie! s'écrient-ils en se tenant enlacés. Mais du moins ils ne mourront pas sans vengeance; tous deux pénètrent dans une caverne au moment où les soldats arrivent au pas de course; vingt-quatre d'entre eux s'arrêtent à l'entrée, deux coups de carabine partis du fond les décident à s'y engager.

— Maintenant, feu! s'écrie Bibiana d'une voix vibrante.

Une clarté subite inonde le souterrain, qui éclate avec un bruit terrible et s'abîme sur les cadavres des vingt-quatre carabiniers et du bourreau du roi de Sardaigne. Bibiana et Fabio viennent de faire sauter leur magasin à poudre.

Prendre un juge, — la bonne folie!

A présent, la main sur la conscience, qu'est-ce que M. Flocon a voulu prouver par cette histoire? Est-ce une *charge* littéraire ou est-ce une chose sérieusement écrite? Veut-il faire rire ou veut-il effrayer? A quoi bon ce cheval infernal enfourché à froid et à cru? Le *Moine*, *Melmoth*, les *Mémoires du Diable* et tous les ouvrages en colère ont un but et une intention: celui-ci n'en a pas. On me dira peut-être que je m'inquiète beaucoup trop de ce livre, et que ce livre n'en vaut vraiment pas la peine, et que ce livre n'est qu'une fantaisie littéraire, une babiole; quelque chose d'écrit au hasard de la plume. Mais non, non; je n'entends pas cela. Tout importe dans la vie d'un homme politique. S'il s'agissait simplement d'un volume composé à dix-huit ans, cet article n'aurait que la valeur d'une malice ; on rirait et l'on passerait. Mais *Distraction* est l'œuvre d'un homme ; M. Flocon avait trente-trois ans quand il l'a écrit ; trente-trois ans, l'âge de raison et de politique ! trente-trois ans quand il a publié l'*Histoire du bourreau du roi de Sardaigne*. — Diable ! cela est plus grave.

M. Ferdinand Flocon passe en tous lieux pour un parfait honnête homme. Sa ligne politique est inflexiblement droite. Pourquoi donc de si désagréables sinuosités dans sa ligne littéraire ? Je crois qu'il veut le bien, et qu'il le cherche résolûment, à son point de vue. Mais alors que signifient ces pages étourdiment sanguinaires, ces frivolités criminelles qu'il jette dans la société au sortir d'un emprisonnement ?

J'aimais bien mieux M. Ferdinand Flocon lorsqu'il émaillait les *Aventures de Félix Duval* de frivolités et de madrigaux conçus dans la première manière de M. de Robespierre. D'abord c'était tout aussi littéraire, et ensuite c'était bien plus amusant.

Il ne reste qu'une nouvelle pour en finir avec *Distraction*, mais nous ne nous appesantirons point sur celle-là, bien qu'elle soit conçue dans un esprit guilleret et plus rapproché du genre de M. Paul de Kock. Ce sont en partie les amours sentimentales d'une servante d'auberge et d'un acteur de la Comédie-Française. Nous avons relevé les repas qu'on y fait ; ils s'élèvent à quinze. Pour ce qui est des bouteilles bues, la somme en est incalculable et dépasse les suppositions les plus altérées. J'ai noté surtout un personnage qui s'appelle *Vexe* et qui, par son nom et par ses habitudes, rentre évidemment dans le cadre du *Bon Enfant* et de la *Pucelle de Belleville,* — heureuse atmosphère où l'on se grise, avec du flan, sur des ânes, au sortir d'une gibelotte.

Eh bien! tant pis, voilà comme j'aime M. Flocon, moi, en manches de chemise, écrivant de joyeux récits où l'on s'embrasse si bruyamment que les oiseaux s'en envolent des buissons! Vivent la joie et le vin bleu, le vin d'azur, le vin céleste! A bas la politique! Soyons tout au Beaune première et à la gambade! Cassons nos bretelles, mais ne nous mêlons point des choses du gouvernement! Le roman farceur, il n'y a plus que cela de bon au monde! Pinçons la taille à Joséphine, qui nous apporte deux verres et deux pipes; posons nos coudes sur la table, et surtout — surtout — surtout — si le garçon s'avise de nous présenter *la Réforme,* renvoyons-le avec un grand coup de pied quelque part — et rions beaucoup!

Demeurons dans notre nature, pourvu qu'elle soit bonne, pourvu qu'elle soit gaie; nous y trouverons assez de petits bonheurs; écrivons des volumes si l'envie d'écrire nous prend trop fortement à la tête et aux doigts; mais surtout pas de noyades, pas de bourreau, pas de gens étranglés; non, des volumes à figure avenante, des volumes bon garçons, qui n'éclatent point en blasphèmes sous nos pas comme des pois fulminants, mais qui arrivent à l'émotion naïve, cela suffit; — et tenez, sans qu'il s'en doute, à la dernière page de son livre, M. Ferdinand Flocon a rencontré un trait délicieux, une chose simple et touchante, qui rappelle le *Mouchoir bleu* d'Etienne Becquet. C'est l'aventure d'un pauvre Cosaque, au temps des Alliés, qui vole un perdreau dans une boutique, pour secourir un jeune homme, son voisin de chambre, qui se meurt de pauvreté. Le Cosaque est pris en flagrant délit et amené devant son officier, un jeune homme de vingt-deux ans.

— « Qu'avais-tu besoin de ce perdreau? lui demanda-t-il.

Le vieux Cosaque leva machinalement les yeux vers la mansarde d'Auguste, puis il les rabaissa en soupirant et croisa les bras sur sa poitrine.

Le lieutenant descendit de sa voiture, et, s'adressant encore au Cosaque.

— Tu connais l'ordre du jour?

— Oui, répondit-il d'une voix ferme.

— Donne-moi ce pistolet, dit l'officier en indiquant celui qui se trouvait pendu à la gauche du Cosaque.

— La pierre n'en est pas bonne, et celui-ci vaut mieux, répondit le Cosaque en détachant l'autre.

— Es-tu prêt?

— Prêt! répondit le vieillard, en se redressant de toute sa hauteur, et en laissant tomber les bras le long du corps, à la position du soldat sans armes.

Alors l'officier leva lentement le bras, visa à la poitrine et lâcha la détente. »

Toute cette histoire est racontée avec une simplicité brève qui attendrit; c'est le seul bon morceau de son auteur, et c'est malheureusement celui qui clôt la série de ses œuvres poétiques et littéraires.

Cette — *statuette* — était achevée depuis longtemps, lorsque ces jours derniers le hasard m'a fait ouvrir les soi-disant Mémoires de Sanson (exécuteur des hautes-œuvres sous la République), publiés, je crois, vers 1833 ou 1834. Quel a été mon étonnement d'y retrouver,

mot pour mot, violence pour violence, l'*histoire du bourreau du roi*
Sardaigne ! — De cela, j'ai le droit de conclure que M. Ferdinand Floco
est l'auteur, ou tout au moins le rédacteur des Mémoires du bourreau
ce qui n'est pas le moindre fleuron de sa couronne poétique. Sanso
l'aura fait son exécuteur... testamentaire. — Mais, encore une foi
quelle singulière et obstinée prédilection pour ce sauvage récit d
voyage et du trépas du bourreau de Sardaigne !

Il existe un fort bon portrait de M. Flocon, par Marcel Verdier.

MADAME RÉCAMIER.

MADAME RÉCAMIER.

Rue de Sèvres, à l'ancien couvent de l'Abbaye-aux-Bois, il y a deuil et grand désert. Les arbres ont beau pousser des feuilles, les feuilles ont beau pousser des oiseaux, rien ne répond plus à cette gaîté du printemps. Un souffle funeste a passé sur le monastère. Demeurez closes, fenêtres ombragées; rideaux bleuâtres, ne vous écartez plus sous une belle main; porte, reste fermée impitoyablement ! Il faut désapprendre le chemin de cette maison. Déjà la rampe de l'escalier se couvre de poussière, et tout se taira bientôt dans cette solitude célèbre autrefois, ignorée demain. Madame Récamier est morte.

Elle est morte, on s'en souvient peut-être, pendant le dernier choléra. C'était alors une débâcle générale. Chacun émigrait vers le cimetière du Père Lachaise, ce Coblentz de tous les partis. Chaque jour les églises se tendaient de noir et pleuraient des larmes d'argent. Sur les boulevarts fleuris, sur les quais on ne rencontrait plus que des croque-morts, des tambours aux baguettes entortillées d'un crêpe, des compagnies de gardes nationaux qui portaient mélancoliquement le canon de leur fusil incliné vers la terre. Les cordes du frisson s'ébranlaient dans notre corps comme un instrument sous les doigts glacés d'un exécutant invisible et sinistre. Nous saluions machinalement le mort qui passait. — Ah! mais le vilain spectacle! Cela nous rappelait certain passage du livre *Hafflitie Microchromicon Berolinense*, dont parle Hoffmann : « Dans cette année le diable se promena publiquement dans les rues de Berlin, suivit les enterrements et se montra fort triste.»

Tout le monde nous abandonne au moment de notre révolution. Les personnes les plus illustres par leurs talents ou par leurs grâces, s'empressent de nous dire brusquement adieu, lorsque nous avons le plus besoin de grâce et de talents ; et parce que nous nous sommes un instant absentés des salons, les salons se barricadent sans pitié derrière nous.

C'était un autre champ d'asile, cette Abbaye-aux-Bois, un nid de poëtes et de belles femmes, où dans ces derniers temps, après avoir vécu de la vie ambitieuse, bruyante, romanesque, les uns et les autres finissaient tous par revenir s'abriter, *traînant de l'aile*, comme dans la fable des *Deux pigeons*. C'est au fond d'un des plus modestes appartements de l'Abbaye-aux-Bois, que la duchesse d'Abrantès, ruinée par la chute de l'Empire, commença à écrire ses fougueux et spirituels mémoires, — noble femme, tuée par le travail et la misère.

Celle qui nous a quitté il y a deux ans, ce n'est pas la misère qui l'a tuée; c'est l'âge, c'est le souvenir, c'est le spectacle des événements, peut-être. Toutefois est-il que madame Récamier restera comme une des figures les plus resplendissantes, comme un des esprits les plus singulièrement attractifs de notre époque. Elle a rallié à elle les sympathies de tout un siècle. Elle a été le centre de tout ce qui était beau, bon, généreux, facile. Principalement trois hommes, Châteaubriand, Benjamin Constant et Ballanche, — trinité grave et grande! — se sont groupés autour de cette femme adorée. Plus heureuse que la Béatrix de Florence, la Béatrix de Paris a pu voir trois Dante à ses genoux.

Sa vie est un beau livre. Commencée dans une révolution, dans une révolution elle s'est achevée, sans y avoir perdu un seul rayon de son auréole. Indulgent cette fois, pour une de ses plus ravissantes créatures, le ciel ne lui a pas refusé l'élément pour lequel il l'avait créée. Elle a vu s'écouler dans une fête éternelle son éternelle jeunesse; l'hommage lui faisait escorte, et le malheur ne s'est approché d'elle qu'à respectueuse distance.

Elles étaient trois sous le Directoire, trois femmes admirablement belles, les *trois Grâces*, selon les madrigaux du temps, — madame Tallien, Joséphine de Beauharnais et madame Récamier. — A elles trois, ces femmes ont affolé Paris et vu tomber les personnages les plus illustres à leurs pieds, ces beaux pieds qu'elles portaient nus et seulement chaussés de cothurnes, avec des émeraudes aux doigts. On les rencontrait en tous lieux, aux concerts où chantait Garat, aux bals où dansait Trénitz ; — ce pauvre Trénitz, mort fou à Charenton ! — Elles étaient l'âme du plaisir, et on les avait vues apparaître le lendemain de thermidor, comme trois fleurs poussées tout à coup au bord d'un volcan éteint. Toutes les trois avaient leur mission politique ; elles régnaient et elles gouvernaient, *de par la grâce* d'elles-mêmes. Voici comment celle qui devait bientôt régner autrement et sous le nom d'impératrice écrivait à madame Tallien, en lui donnant rendez-vous à une fête éblouissante de l'hôtel Thélusson : — « Venez avec votre dessous de robe fleur-de-pêcher, il faut que nos toilettes soient les mêmes : j'aurai un mouchoir rouge noué à la créole, avec trois crochets aux tempes. Ce qui est naturel pour vous est bien hardi pour moi, vous plus jeune, peut-être pas plus jolie, mais incomparablement plus fraîche. Il s'agit d'éclipser et de désespérer des rivales, *c'est un coup de parti.* » Seule des trois, madame Récamier a conservé jusque dans ses derniers jours le mouchoir noué à la créole.

C'étaient alors des luttes d'élégance et de frivolité, dont notre époque semble avoir perdu la tradition. Tant pis pour notre époque. Après la révolution des mœurs, venait la révolution des costumes. Thérésia Cabarrus avait ramené les modes grecques, la coiffure à l'Athénienne, la tunique transparente et collante. Joséphine, la première, rechercha les camées les plus purs, les onyx et les agates les plus splendides, pour les faire étinceler à son épaule ou ruisseler dans ses cheveux. A son tour, madame Récamier introduisit le voile. Le voile! chaste invention, nuage tissé, estompe idéale, qui irrite justement assez pour fixer le désir, raillerie pudique, réalité enveloppée de rêve, qui tend à faire de la femme une création mieux qu'humaine et presque mystérieuse. Toute l'histoire de madame Récamier n'est-elle pas dans ce voile? Le voile ne nous dit-il pas sa vie reposée, sa beauté blanche, ce sourire attendri, et cette pensée toujours en fleur, comme un arbre de mai?

En 1800, madame Récamier, qui avait alors dix-huit ans, habitait le grand château de Clichy-la-Garenne, qui fut détruit par la bande noire. « A cette époque, dit l'auteur des *Salons de Paris*, il est impossible, à moins de l'avoir vue, de se faire une idée de sa fraîcheur d'Hébé. C'était une création à part que madame Récamier, à cet âge de dix-huit ans, et jamais je n'ai retrouvé, ni en Italie, ni en Espagne, ce pays si riche en beauté; ni en Allemagne, ni en Suisse, la terre classique des joues aux feuilles de rose, jamais je n'ai retrouvé le portrait de madame Récamier, la plus jolie femme de l'Europe! » Rien ne manquait d'ailleurs à son éducation; elle touchait admirablement du piano et dansait à merveille en s'accompagnant du tambour de basque, ce qui était la grande fureur du jour.

C'est dans ce château de Clichy, et quelque temps après dans ces magnifiques salons de la rue du Montblanc, que madame Récamier a reçu presque toute l'Europe princière. Son mari était riche alors, richissime; il pouvait réaliser des miracles, et tenir tête aux

4.

Sardanapales en carrick de ce temps-là. L'architecte Berthaut avait transformé cet hôtel en féerie; c'était un conte de Galland solidifié. Demandez à madame Lehon, qui en est devenue plus tard propriétaire.

Les bals de madame Récamier ne tardèrent pas à conquérir une vogue immense. De là s'élancèrent les gavottes nouvelles, les morceaux de clavecin destinés à devenir populaires, les toilettes égyptiennes, spartiates, romaines, turques et françaises. Ce fut un délire, un triomphe dont rien n'approcha. Madame Hamelin, qui est morte il y a trois mois, — une héroïne de ces fêtes, — madame Hamelin, au pied de Cendrillon, aurait pu seule raconter un de ces soirs magiques auxquels il n'a manqué qu'un peintre comme Watteau, qu'un poëte comme Lattaignant ou Voisenon, l'abbé Fusée !

Quant aux habitués de tous les jours, les intimes des causeries du matin, c'étaient Lucien Bonaparte, M. Fox, madame Visconti, le général Moreau, Mathieu de Montmorency, — cette maigre, blonde et pâle madame de Krüdner, — et ce joyeux vivant qui se nommait Ouvrard, Ouvrard de rien, personnage plein de verve et de gaie science, qui avait le faste d'un homme de cour, l'esprit d'un homme de lettres et l'argent d'un homme d'affaires.

La troisième résidence de madame Récamier, la plus affectionnée peut-être, c'est Saint-Brice, avec son paysage lumineux, ses eaux courantes, ses épaisses charmilles; Saint-Brice, où elle eut le bonheur et l'audace de donner asile à madame de Staël poursuivie par l'empereur. On dit que cette conduite honorable valut à

madame Récamier une parole haineuse de Napoléon.
— Haïr madame Récamier! cela est-il possible? cela peut-il seulement se comprendre?

Elle visita madame de Staël dans son exil, qu'elle partagea volontairement ; mais lorsqu'elle revint à Paris, la fortune de son mari s'était écroulée sous le despotisme impérial. Plus de somptueux hôtels, plus de châteaux féodaux, rien, — rien que la médiocrité latine dorée encore d'un rayon de sa beauté!

Elle se trouvait aux bains de Dieppe, en noble compagnie de l'auteur d'*Atala*, lorsque la révolution de Juillet vint la surprendre. Ses efforts furent impuissants à retenir M. de Châteaubriand, qui partit pour Paris, où, reconnu bientôt à la porte du *Journal des Débats* par des élèves de l'Ecole polytechnique, il se vit enlevé dans leurs bras et promené en triomphe par-dessus les barricades.

Depuis cette date, madame Récamier n'a pas cessé d'habiter l'Abbaye-aux-Bois. Ça été son Versailles, son Trianon; elle y tenait cour plénière au coin de son feu; elle avait hérité directement — c'est-à-dire en ligne spirituelle — de madame Geoffrin, cette bonne dame d'autrefois, chez qui toute la littérature et toute la philosophie d'un siècle étaient avec soin passées au filtre. Elle faisait la pluie et le beau temps du monde de l'intelligence — plutôt le beau temps que la pluie, — car les orages passaient rarement sur ces augustes ombrages de l'Abbaye-aux-Bois. Pas un homme supérieur qui n'ait brigué l'entrée de ce cénacle, lequel tiendra dans l'histoire artistique de la France une place aussi importante que Port-Royal dans l'histoire religieuse; pas une renommée, haute ou petite, qui n'ait franchi ce seuil, depuis Luce de Lancival, professeur d'éloquence au Prytanée français, jusqu'à Victor Hugo, sacré chez elle *enfant sublime;* depuis le baron Gérard, peintre ordinaire de l'Abbaye — ce qui était un titre — jusqu'à M. Ingres, l'artiste inquiet et misanthrope ; depuis l'auteur de *la Vestale*, couvert de cheveux blancs et bardé de décorations, jusqu'à l'auteur du *Prophète*, noir et simple, mais étrange comme un enfant de Germanie. Là-bas, Stendhal qui venait d'écrire son livre *De l'amour*, a bien souvent rêvé devant ce buste de Canova, placé sur la cheminée; Mérimée, bien jeune, a coudoyé Ballanche, bien vieux ; M. de Bonald, bien grave, a salué Rossini, bien rieur. Ce salon bleu et blanc a vu tout à la fois la simarre de M. Pasquier, le cordon de M. le duc de Doudeauville, la tonsure de M. de Lamennais, les palmes de M. de Barante et l'épée de M. de Vigny, — tout un pan de la galerie des portraits de Versailles dans cinquante ans !

Il y avait aussi à l'Abbaye un accueil doux, presque maternel, pour ces jeunes muses qui commençaient à s'épanouir, vives et attrayantes, mais faibles et délicates comme ces roses sauvages perdues dans les buissons et qui naissent à demi effeuillées. — Vous les connaissez tous, ces muses faciles. —L'une aux yeux noirs, aux cheveux noirs, à la mante noire, se cache derrière la jalousie sévillanne, épiant le *majo* qui passe, et laissant tomber un poignard dans un bouquet. L'autre, triste et belle, assise sur quelque débris de temple écroulé, les pieds au fil de l'eau, la tête au soleil, berce un enfant souffreteux devant la treille d'une maison du Pausilippe. Celle-ci se pare des vieilles dentelles et des vieux falbalas de la vieille cour de France; elle danse à l'Opéra, elle soupe à Bagatelle et à Vaucresson. Celle-là, toute récente et tout éplorée, erre au bord des lacs, se couronne de nénuphars et soupire ses peines d'amour, — sur un air allemand, — aux aulnes de la rive. D'autres rient aux éclats, et ce sont les plus rares; elles courent toutes décoiffées, sautant à travers haies et champs, poursuivies par les gardes champêtres, et chantant à grand bruit la *chanson à madame* de Chérubin!

Si bien qu'avec son chœur de muses modernes, l'Abbaye-aux-Bois apparaissait dans le bleu du lointain comme un autre Parnasse, un *sacré vallon,* disaient les derniers preux de la Mythologie.

Ne nous y trompons pas, l'Abbaye-aux-Bois formait une coterie littéraire aussi puissante et plus droite que la coterie de l'Université et que celle de la *Revue des Deux-Mondes*. Elle distribuait des brevets de gloire et nommait des académiciens, entre autres M. Ampère et l'auteur du théâtre de Clara Gazul. Une lecture à l'Abbaye-aux-Bois équivalait à un ordre de représentation à la Comédie-Française. Madame Casa-Major n'est pas arrivée autrement.

Mais n'oublions-nous pas un peu trop madame Récamier pour l'Abbaye? Ne délaissons-nous pas un peu trop la maîtresse de maison pour la maison elle-même? Causons encore, causons de cette femme sans rivale, l'orgueil de notre nation, — qui n'a pas tous les jours une si bonne occasion de se montrer orgueilleuse!

Elle aimait à se vêtir de blanc, gazes, mousselines,

étoffes tendres. Cela lui allait on ne peut mieux. Son portrait, qui est au Louvre, a été gravé maintes fois. C'est bien là ce visage candide, sans rigueur, qui arrivait parfois à des effets de naïveté incomparable, souvent songeur, profondément distingué toujours. Je retrouve ce regard pénétrant dont bien peu de ceux qui l'entourèrent ont pu guérir. Madame de Tessé disait d'une femme littéraire : « Si j'étais roi, j'ordonnerais à madame... de me parler toujours. » Moi, je ferai une variante à ce mot : Si j'avais été roi, j'aurais ordonné à madame Récamier de me regarder sans cesse.

Elle avait surtout cette coquette amabilité qui est à la beauté ce qu'est le relief au monument. Car je suis un peu de l'avis de ce vieil auteur de la comédie de la *Thèse des dames*, qui disait : « S'il n'entrait dans la composition d'une femme quelque pincée du sel de la coquetterie, elle deviendrait le ragoût du monde le plus insipide ; c'est ce qui la rend piquante et qui jette dans ses yeux tous ces traits de flamme dont le moindre cartilage du cœur ne saurait échapper ; et les femmes qui sont autrement sont de vraies femmes au bain-marie. »

Mademoiselle Mars était peut-être celle qui approchait le plus de madame Récamier pour l'exquise souveraineté des manières. Elle *savait* le regard, comme la châtelaine de l'Abbaye-aux-Bois ; comme le sien, son langage était empreint de suavités particulières et d'harmonie nonchalante, — voix d'or, lumière parlée, — suivant l'expression hardie d'un grand écrivain.

C'est qu'il faut le dire aussi, madame Récamier faisait des *élèves* à son insu. Une soirée passée à l'Abbaye-aux-Bois valait mieux pour une comédienne que dix années de Conservatoire. Mademoiselle Mante y avait appris à faire craquer l'éventail de Célimène, à marcher, à sourire, à s'asseoir dans le goût suprême. La juive Rachel y a passé, elle aussi, et peut-être au fond du rôle d'*Adrienne Lecouvreur* retrouverait-on quelques réminiscences brillantes du salon de la rue de Sèvres.

Madame Récamier ne détestait pas raconter quelques anecdotes du temps révolutionnaire. Sa mémoire était comme un livre curieux, qu'elle ouvrait devant quelques intimes, et où elle lisait les yeux fermés, — car depuis quelques années sa vue s'était beaucoup affaiblie. Nous voudrions avoir souvenir de tous les traits charmants qu'on tient de sa bouche. — La foule se pressait un matin, rue du Mont-Blanc, devant l'hôtel de l'ambassadeur d'Espagne. Sur le seuil, le roi d'Etrurie, qui allait monter en voiture, causait avec madame Récamier et M. Belfroy de Reigny, cet écrivain qui s'est fait une excentrique réputation sous le nom du *Cousin Jacques*. — « Le prince baisait galamment ma main, nous disait Madame Récamier, lorsque j'entendis tout à coup une voix bruyante à mon oreille. Je me retournai. C'était un militaire de planton qui s'écriait de toutes ses forces : *Citoyen*, votre voiture est prête ; quand *Votre Majesté* voudra y monter... »

Peut-être connaît-on mieux cette aventure d'un homme qui se trouvant placé entre madame de Staël et madame Récamier, eut la maladresse de dire : — Me voilà entre l'esprit et la beauté ! — Sans posséder ni l'une ni l'autre, répondit madame de Staël.

Une Anglaise, madame Trollope, qui pouvait avoir beaucoup d'esprit en anglais, mais, qui, en français, se contentait simplement de déraisonner, a consacré dans son livre de *Paris et les Parisiens* quelques pages à madame Récamier, qu'elle avait déjà vue à Londres (1). Mais où il faut chercher des détails, plutôt que dans les écrits anecdotiques, c'est, ainsi que nous l'avons fait, dans la mémoire religieuse de plusieurs contemporains

On dit que madame Récamier laisse des *Mémoires* Nous voudrions le croire, nous n'osons l'espérer. — Ce qu'elle laisse plus sûrement, c'est le célèbre tableau de *Corinne*, qui ornait son salon; son buste, par Canova; le dessin original de l'*Atala* de Girodet, et quelques toiles remarquables dont il ne nous reste plus souvenir bien précis.

Voici ces notes de Kotzebue sur madame Récamier. Elles compléteront et accentueront mon ébauche. *L'assassiné* de Karl Sand fait montre, en de certains endroits, d'une indiscrétion qui frôle la fatuité. Après cela, peut-être est-ce la faute du traducteur, — qui aura voulu mettre sur les *i* des points plus gros que les *i* eux-mêmes.

Sur Mme Récamier.

« J'avais des préjugés contre madame Récamier lorsque j'arrivai à Paris; je m'imaginais voir une coquette enivrée des hommages qu'on lui rendait; j'ajoutais foi à toutes les calomnies que les journalistes allemands avaient débitées sur son compte. Je désirais la voir, mais non

(1) Kotzebue, dans ses *Souvenirs de Paris*, édités en 1805 par le libraire Barba (avec des annotations stupides, par parenthèse), a également parlé d'elle, — en des termes assez cavaliers, toutefois.

pas la connaître. Ce fut à l'Opéra que je satisfis ma curiosité pour la première fois. « Voilà madame Récamier, me dit un de mes voisins, » et naturellement je m'avançai pour regarder dans la loge qu'il me désignait. Ses cheveux étaient sans ornements; vêtue d'une simple robe blanche, elle paraissait rougir d'être si belle.

Cette première vue produisit sur moi une impression agréable, et j'acceptai avec plaisir la proposition qu'on me fit de me présenter chez elle. Quoiqu'elle fût au milieu d'une société brillante, elle avait la mise la plus simple. Presque toujours madame Récamier se met en blanc, et très-décemment. Elle n'a sur la tête d'autre ornement que ses cheveux châtains, quelquefois tressés, ou tombant en boucles; d'autres fois relevés négligemment, et retenus par un peigne. Je l'ai vue presque tous les jours pendant plusieurs semaines, sans qu'elle ait jamais eu de parure de diamants.

Au milieu du tourbillon de Paris, elle remplit tous les devoirs d'une épouse sage, quoique son mari soit d'âge à être son père. La calomnie même ne l'a jamais attaquée de ce côté. Elle n'a point d'enfants, mais elle soigne avec une tendresse vraiment maternelle ceux d'une de ses parentes, auxquels elle tient lieu de mère.

Je n'oublierai jamais ce beau jour où je la trouvai seule avec une jeune fille sourde et muette qu'elle avait recueillie en allant se promener dans je ne sais quel village. Cette enfant avait été élevée à ses frais pendant quelque temps; elle lui avait ensuite procuré une place à l'excellent institut des Sourds-Muets; dans ce moment elle venait de la faire habiller à neuf, et se l'était fait amener pour la conduire elle-même à l'abbé Sicard. Elle faisait déjeuner cette enfant dans son salon de compagnie, sur une table de marbre, et près d'un miroir dans lequel cette petite fille pouvait se voir des pieds à la tête, probablement pour la première fois. L'émotion de la charmante bienfaitrice en voyant la joie et l'étonnement de cette petite fille, les larmes de la pitié qui coulaient de ses yeux en la baisant au front, la bonté maternelle avec laquelle elle l'engageait à manger, et lui mettait dans les poches ce qui restait dans le sucrier; les remerciements inarticulés de l'enfant, qu'il exprimait par une sorte de cri qui me remplissait d'émotion, seront longtemps présents à ma mémoire...

Quand les envieux ne peuvent faire croire à leurs accusations contre la vertu et la moralité d'une femme aimable, ils finissent par dire qu'elle n'a point d'esprit. Si la connaissance des vérités naturelles et des produits des beaux-arts peuvent donner à une dame des prétentions à l'esprit, madame Récamier doit en avoir plus que bien d'autres.

On me demandera peut-être comment on peut juger de l'esprit d'une femme. On peut se fier d'autant plus au jugement que je porte, que non-seulement je vis madame Récamier presque tous les jours, mais qu'en outre une circonstance particulière me mit à portée de juger de son esprit ; circonstance dans laquelle ni homme ni femme n'aurait pu dissimuler son insuffisance. Je fus promener en voiture avec madame Récamier pendant quatre ou cinq heures, sans autre compagnie que celle des enfants dont elle prend soin, et qui, certainement, ne se mêlèrent point de la conversation. Il n'y a pas de moyen plus sûr pour connaître le degré d'esprit d'un homme qu'une conversation suivie en voiture (à moins que le sommeil ne s'en mêle), c'est là qu'il doit se développer ; et si les personnes qui sont renfermées dans une voiture étroite ont l'une pour l'autre un sentiment d'amitié, c'est là que la confiance est plus grande ; et cette femme, que l'on dit sans esprit, m'a fait voir, pendant quatre heures, qu'elle en avait.

Le dernier reproche que l'on fait à madame Récamier, et qui est insignifiant, c'est son amour pour la magnificence. Les escaliers de sa maison ressemblent à un jardin, c'est affaire de goût ; les tentures de ses appartements sont en soie, les cheminées sont de marbre blanc, les pendules et autres meubles ont des ornements en bronze doré, les glaces sont très-grandes ; mais tout cela convient parfaitement à un riche particulier. Je n'ai point trouvé de luxe chez elle, dans tel sens qu'on veuille l'entendre ; j'y ai vu du goût partout, et de l'élégance seulement dans un ou deux appartements. Une antichambre, deux salons de compagnie, une chambre à coucher, un cabinet, et une salle à manger, voilà tout son logement ; et certainement une petite-maîtresse allemande, qui serait aussi riche, ne se contenterait pas ainsi. Encore un trait, pour prouver combien peu madame Récamier cherche à éblouir par son luxe. Lorsque nous allâmes nous promener ensemble, comme je l'ai dit plus haut, nous montâmes dans une voiture très-propre, mais simple, et attelée de deux chevaux ; nous trouvâmes à la barrière un joli phaéton avec un très-bel attelage, qui nous attendait. Je lui témoignai ma surprise ; elle me dit : « Je n'aime pas à me montrer en ville dans cette voiture, on y attire trop l'attention. » Si c'est là de la vanité, au moins elle est cachée.

Les journaux allemands assurent que pendant que madame Récamier a été en Angleterre, son mari, qui était resté à Paris, disant un jour qu'il n'avait point de nouvelles de sa femme, une espèce de bel esprit lui demanda avec ironie s'il ne lisait pas la gazette ? Quand cela serait vrai, que peut-on en conclure ? Madame Récamier peut-elle empêcher que les journalistes anglais ne saisissent les plus petites circonstances pour remplir leurs feuilles ? Est-ce donc à elle seule que pareille chose est arrivée ? Lisez le *Morning-Chronicle*, vous y trouverez souvent des descriptions de la sensation qu'aura faite à un gala la parure de telle ou telle dame.

Les journalistes allemands ont encore reçu d'autres informations. Madame Récamier avait donné un jour un bal; mais elle s'était couchée sur le minuit, et avait reçu dans sa chambre à coucher tous ceux qu'elle avait conviés à ce bal. Il y a quelque chose de vrai dans cette anecdote. La belle madame Récamier fut saisie à ce bal d'un mal subit et violent; mais elle eut la bonté de ne pas vouloir troubler la joie commune; elle se retira donc dans son appartement, et se coucha. Quelques amis particuliers vinrent savoir des nouvelles de son état; et cette circonstance si simple, si naturelle, occasionna ce conte ridicule.

Voici encore une anecdote que rapportent les journalistes allemands. Un auteur dramatique, disent-ils, avait fait une pièce dans laquelle cette dame était tournée en ridicule; mais le mari a acheté la pièce pour une somme assez forte. Je suis autorisé par cet auteur lui-même à démentir cette calomnie; il ne lui est jamais venu dans l'idée d'écrire quelque chose contre madame Récamier: la vérité du fait est qu'on s'est permis, à la représentation de l'une de ses pièces, quelques applications ridicules qui paraissaient dirigées contre madame Récamier; et M***, pour faire cesser les mauvais propos, et sans aucune spéculation basse, sans même aucune sollicitation, a eu la délicatesse de retirer sa pièce.

On avait fait à Paris une caricature sur cette dame; elle entra un jour dans un magasin de gravures, et on la lui offrit sans la connaître; elle m'a elle-même raconté le fait. Elle fut surprise d'abord; mais elle regarda cette gravure de sang-froid. « Sans doute, dit-elle au marchand, cette personne a mauvaise réputation. — Point du tout, répondit-il sur-le-champ; c'est une dame dont la réputation est sans tache. » Et il continua de lui prodiguer des éloges qui, n'étant pas suspects, la consolèrent de l'intention qu'on avait pu avoir en traçant la caricature qu'elle avait entre les mains.

Je pourrais parler encore sur ce sujet, et rapporter des traits qui ne sont remarquables que pour l'observateur exercé, parce qu'ils font voir le fond du cœur; mais il ne convient pas d'en dire davantage: un ami n'a aucun droit de publier ce qui se passe dans l'intérieur de la maison d'une femme bienfaisante. Je crois en avoir dit assez pour détruire les préjugés qu'on pourrait avoir sur madame Récamier. »

LASSAILLY.

LASSAILLY.

J'aime mieux les fous que les sots. La banalité m'irrite ; tandis que l'excentricité, touchât-elle même au vertige, m'ouvre des horizons de rêverie et suscite en moi de très-justes idées *à côté*.

L'homme de lettres Lassailly, qui est mort il y a quelques années, n'était pas précisément un fou, — mais le peu qu'il a fait imprimer est empreint d'une couleur étrange. Sa phrase a des faces inusitées, des éclats soudains, des ténèbres et des lueurs.

Il a publié en 1833, à l'époque des parades romantiques, un livre intitulé : *Les Roueries de Trialph, notre contemporain avant son suicide*. C'est ce que j'ai lu de plus échevelé dans le genre, et l'effet en fut tel qu'il a pesé sur toute la vie de Lassailly. La *Revue des Deux-Mondes,* où il a écrit ensuite plus d'une page charmante et contenue, ne lui permit jamais de signer son nom, — à cause de cet antécédent.

Balzac, qui a eu pour secrétaires, quelquefois même pour ébaucheurs ou grossoyeurs de besogne, les cinq ou six plus intelligents des écrivains de ce temps-là : Edouard Ourliac, Théophile Gautier, Laurent Jan, de Gramont, — et, dit-on aussi, Jules Sandeau ; — Balzac, qui possédait au delà de toute expression *le flair*, avait flairé Lassailly. « C'était, a raconté M. Amédée Achard, lorsque se préparait le tableau gigantesque de la Comédie Humaine. M. de Balzac veillait sept nuits par semaine : à cette manufacture de romans il avait adjoint une fabrique de drames. Ce pauvre Lassailly de mélancolique mémoire, celui-là même que ses amis appelaient Trialph, lui servait de secrétaire ; on travaillait aux Jardies, et le matin, Lassailly venait quelquefois, pour se délasser, prendre une tasse de chocolat au café Corazza. Que de fois ne m'a-t-il pas dit en me serrant la main, et de cet air un peu vague qui lui était familier : — Nous avons cette nuit abattu trois chapitres et charpenté deux actes ! »

Lassailly a écrit un peu partout, mais surtout dans les recueils les plus inconnus. Il avait un talent réel pour les vers, une facture gênée, mais un ton âpre ; — j'ai lu dans un *magazine* oublié, intitulé *Les Étoiles,* un de ses plus longs morceaux, *Le Prolétaire,* qui est écrit avec du feu sombre. Comme tous les poëtes amers, il évoque beaucoup Gilbert, et c'est avec de funèbres pressentiments qu'il rappelle sa mort déplorable (1).

Moi cependant je m'étonne de trouver dans l'âme des démocrates (Lassailly était républicain) une telle tendresse pour ce Gilbert qui a tant guerroyé contre les philosophes et les hommes de progrès, ce Gilbert qui mangeait à la table de l'archevêque de Paris, ce Gilbert qui, s'il vivait encore, serait infailliblement traité de *réactionnaire,* de *jésuite,* de *poëte de sacristie.* O inconséquence des enfants de Voltaire !

Quand ce ne fut plus M. de Balzac, ce fut M. Villemain qui employa notre vagabond Lassailly. Chez M. Villemain, Lassailly occupa ses heures de loisir à composer des drames invraisemblables et un poëme qui n'a pas paru.

Sa pauvre tête allait de droite à gauche battant ainsi la poésie, l'histoire, la politique, le théâtre, — et ne trouvant qu'un mur partout. A force de s'y cogner, elle

(1) Qu'il me soit permis de revenir sur un fait, que j'ai déjà eu l'occasion de constater dans le *Constitutionnel.* Notre dix-neuvième siècle veut absolument que Gilbert soit mort de misère, parce que Gilbert est mort à l'Hôtel-Dieu. J'en suis fâché pour le dix-neuvième siècle, mais il doit chercher ailleurs ses sujets d'apitoiement, qui du reste ne lui manqueront pas. Gilbert, lorsqu'il mourut, était *tout à fait dans l'aisance;* il avait surmonté les obstacles du début, il avait percé la foule; souvent on le rencontrait vêtu d'un magnifique habit brodé d'or. Sa folie est due, non pas à une accumulation de déceptions littéraires, comme on l'a prétendu, mais à une cause purement accidentelle, à une chute de cheval qui occasionna une fièvre chaude, pendant laquelle — tout le monde sait cela — Gilbert avala une clef. Dans ces circonstances, on le transporta à l'Hôtel-Dieu, c'était ce qu'on avait de mieux à faire.

Sans doute, la *pauvreté* fait très-bien au bout d'un vers, mais la vérité fait encore mieux. Plaignons Gilbert de sa mort prématurée, mais n'en tirons pas de conséquence. Mercier, qui était un de ses amis et qui a recueilli son dernier soupir, a donné sur l'état de sa fortune les renseignements les plus rassurants.

5.

se rompit. La fin de Lassailly-Trialph ressemble assez à la fin d'Edouard Ourliac, cet autre secrétaire de Balzac. — Le maître aussi a rejoint ses secrétaires ! — Lassailly disparut soudainement du monde et nul ne sut où il s'était réfugié. On s'inquiéta de lui les premiers jours, on hocha la tête, et quelques-uns proposèrent de le réclamer par la voie des journaux ; au bout d'une quinzaine on n'y pensa plus. Pendant ce temps, seul, dans une maison située à l'ombre de l'église Saint-Etienne-du-Mont, Lassailly, agenouillé et se meurtrissant la poitrine, expiait les *Roueries de Trialph*. La religion l'avait gagné tout entier, ou plutôt la religion l'avait reconquis, — car il avait été autrefois un pieux enfant, soumis à sa mère et à Dieu.

Même histoire pour Ourliac.

Partis tous les deux du même point, tous les deux devaient y revenir, à quelques années de distance seulement. Mais entre le départ et le retour quelle parabole excessive n'ont-ils pas décrite l'un et l'autre ! Quel voyage extravagant dans les terres australes de la littérature, à travers la révolution de Juillet, le *Figaro*, les premières représentations du drame moderne, Renduel et Ladvocat, les délires byroniens, le saint-simonisme, les gravures foncées de Tony Johannot, M. Viennet vaincu, l'hémistiche brisé ou la mort !

Ourliac était le plus sage, rendons-lui cette justice ; il était le plus moqueur aussi ; l'auteur de *Guzman d'Alfarache* avait dû le tenir sur les fonts baptismaux. Lassailly ne procédait de personne, c'est pourquoi il procédait un peu de tout le monde ; il jouait *bon jeu bon argent*, comme on dit ; il était tout cœur, toute inspiration ! — Il est mort le premier.

Voici comment M. Jules Janin, qui eut vent du décès, a parlé de ce pauvre garçon dans le feuilleton des *Débats :*

« Nous avons vu mourir un des nôtres cette semaine, ce jeune Lassailly dont la triste destinée pleine d'enseignements ne servira d'enseignement à personne. Il était venu, lui aussi, du fond de sa province, la tête remplie de chefs-d'œuvre et son portefeuille vide. En cinq ou six ans de cette vie littéraire qui tue les corps, les âmes et l'esprit, le pauvre jeune homme avait rempli son portefeuille; mais ce portefeuille rempli, sa tête était vide.

» . . . . . Avant d'être déclaré et reconnu malade, il écrivait à lui seul un journal, tout un journal, une feuille impitoyable, dans laquelle il traitait sans pitié quiconque tenait une plume en ce siècle. Il les appelait — des gens épuisés, — des génies avortés, — des romanciers aux abois, — des novateurs usés jusqu'à la corde — des copistes, des plagiaires, — des bandits qui écrivaient pour vivre. Il était sans pitié, il était furieux, à ce point qu'il fallait nécessairement que ses victimes fussent enfermées aux Petites-Maisons, ou que lui-même il y fût enfermé. Ce fut lui.

» . . . . . Dans les désordres de sa pensée, il avait des naïvetés charmantes. C'est lui qui m'écrivait : — *Vous avez parlé avec tant de tendresse de notre ami***, C'est une injustice, il n'est pas si fou que moi !* »

Il n'en a guère été écrit plus long, je crois, sur la vie et la mort de Lassailly. Cette figure incertaine, cet esprit disséminé, contrariant, trop irrésolument fantasque; cette plume fatiguée avant d'avoir tracé son premier mot, ce poëte toujours en guerre avec lui-même, n'était pas d'ailleurs d'un si grand poids dans la balance littéraire. Heureux est-il encore d'avoir pu arracher à l'indifférence de la critique ces quelques lignes d'épitaphe!

Si pourtant l'on me demande d'où me vient cette sympathie pour ces inconnus, ces oubliés, ces méprisés, et pourquoi je m'attache à reconstruire leur œuvre d'égarement, tandis qu'il y a autour de moi tant d'écrivains corrects et sérieux, tant de professeurs traduisant Perse et Juvénal, tant de gens d'étude, universitaires et autres, qui s'accommoderaient si parfaitement d'un peu de publicité; — je répondrai, d'abord, que je n'aime donner qu'aux infiniment pauvres, ensuite que la compassion littéraire porte en elle-même son pourquoi, et qu'il suffit d'avoir un peu de talent et beaucoup de malheur pour m'attirer; toutes raisons excellentes. Mais les vrais bibliophiles ne me feront jamais de questions semblables : rassurons-moi.

Et puis, il me semble que l'histoire des gens presque inconnus doit avoir pour beaucoup de lecteurs l'attrait du roman; — tout l'invraisemblable dans le vrai, songez-y! Un nom sans autorité comme Pierre ou Jean, à peine quelque chose de plus que les héros imaginaires, quelques lignes imprimées dans un coin, juste de quoi justifier d'une existence réelle, trois ou quatre personnes qui disent : *Je l'ai connu;* voilà tout. Du reste, de la passion autant que dans les livres de George Sand, des événements, de la douleur, des larmes tant qu'on en veut, de la raillerie parisienne, rognures des petits journaux sanglants, de la verve, du coup de fouet; — et enfin, au bout de tout cela, la vérité, la grande vérité, qui se porte caution de votre attendrissement!

Qu'ont-ils donc tant de plus, ces romans timbrés et pour ainsi dire brevetés par la loi?

Les choses qui sont arrivées à Lassailly ne sont-elles pas aussi intéressantes que les choses qui ne sont pas arrivées aux personnages d'Alexandre Dumas? Sa folie ne vaut-elle pas les folies inventées? Ses amours, ces mystérieuses amours de Lassailly pour une grande dame avérée, — ne peuvent-elles être comparées aux amours d'imagination? Meurent-ils autrement, les Arthur d'in-octavo?

Une des choses qui me font aller vers l'autobiographie, de si bas qu'elle parte, c'est la défiance de ma sensibilité qui ne veut pas, autant que possible, se laisser intéresser à faux ou à vide.

Les *Roueries de Trialph* sont évidemment une autobiographie déguisée. Comme ce livre est rare, — je ne sais pas pourquoi, — et qu'il offre en outre mille curiosités de sentiment et de style, on souffrira que j'en fasse le dépouillement analytique. Selon moi, la critique rétrospective est la meilleure et la plus efficace; j'essaierai un jour de l'appliquer à quelques-unes des œuvres soi-disant considérables, publiées depuis vingt ans.

Comme tous les livres de 1833, les *Roueries de Trialph* débutent par une préface, une longue préface, qui vous monte à la tête comme la vapeur d'une tonne de bière au moment de la fermentation. Cette préface ne dit rien, comme beaucoup de préfaces; mais au moins elle sait qu'elle ne dit rien, ce qui constitue le premier des mérites négatifs. « Après tout, ce sont mes mémoires que je signe. J'ai nom Trialph. Point de généalogie. Je sais seulement que Trialph vient de *Trieilph*. Cette expression, dans la langue danoise, signifie : GACHIS. »

La préface mentirait à sa date, si elle n'amalgamait dans un éblouissant éclectisme Napoléon, Richter, la Morgue, Rabelais, Shakespeare, Robespierre, le préfet de police et Malherbe. Dans sa préface, Trialph cause particulièrement de la République qu'il voudrait savoir possible; mais, hélas ! murmure-t-il, on ne rencontre plus personne de bonne volonté : « En France, quel citoyen échelonnera humblement sa capacité à me cirer mes bottes de poëte crotté? » Ainsi raisonne Trialph. En littérature, il ne paraît être d'aucune école, on ne trouve pas un seul nom contemporain sous sa plume.

« Ce que j'écrirai ici, je l'ignore. Je veux seulement esquisser quelques vérités sur le citoyen Cœur humain. » Le malheur est que les vérités de Trialph sont trop souvent saupoudrées d'immoralité. J'aurais voulu le connaître au temps où, selon son expression, il avait des illusions comme un eunuque de la graisse. Aujourd'hui, ce n'est plus qu'un ricaneur, et de la pire espèce encore : un ricaneur qui veut être plaint ! Sa préface est une parodie sérieuse des préfaces les plus célèbres; il penche la tête d'un air douloureux et se demande où va le monde, — à propos des amours de Nanine et d'Ernest, qu'il va raconter tout à l'heure.

Au milieu de ces digressions usées, de ces moqueries sans motif, de ces colères inutiles, de ces dédains littéraires, de ces saccades prévues; au milieu de toutes ces choses inachevées et recommencées dont se compose cette préface, il y a cependant un élan de cœur que je ne puis suspecter, et qui tranche sur l'allure divagante du morceau :

« J'ai un aveu qui me pèse.

» Je suis malheureux.....

» Oh! ma pauvre mère '

« Ma mère ! Tu m'as donné la vie, tu as veillé pendant des nuits longues et froides auprès de moi, qui reposais dans un berceau ; tu m'as enlacé de soins et de tendresse ; tu as pleuré beaucoup sur mon avenir ; tu m'avais averti... Je t'ai coûté la santé, le bonheur, ma mère, hélas ! et je maudis mon existence !...

« Oui, je la maudis ! »

Les *Roueries de Trialph* commencent par un bal, en plein faubourg Saint-Germain.

On voit passer le héros en habit boutonné.

Il est moins sombre que d'habitude ; il a formé le projet, ce soir-là, de se *gargariser de quelques drôleries de sentiment.*

Amer Trialph !

En conséquence, après quelques minutes d'examen sous un candélabre, il entre en adoration d'une jeune fille et d'une femme mûre, — toutes les deux à la fois.

La déclaration d'amour à la jeune fille est assez étonnante. Il lui dit : — Mademoiselle, je vous aime autant que la République.

« *La jeune fille devint rose d'émotion.* »

Trialph fait une pirouette et se dirige ensuite vers la femme mûre, laquelle est une comtesse de haute vertu, avec des yeux bleus, un teint pâle sous le bismuth et le vermillon, et une *taille à l'entonnoir*.

Il lui demande un rendez-vous pour le lendemain.

Ces deux exploits accomplis — Trialph s'en va se coucher.

Au fond, ce Trialph est un mauvais drôle, toujours grinçant des dents, mal frisé, *désaimant* tout, passant de longues heures en tête à tête avec un pistolet chargé, lisant lui aussi ses prières dans lord Byron, mâchonnant un éternel blasphême sous sa lèvre crispée, et goûtant une joie sauvage à s'accouder sur le parapet du pont Notre-Dame, en regardant d'un œil fasciné les nappes verdâtres de la Seine. Un Jeune-France, enfin.

Ces Jeune-France sont si loin de nous, que cela vaut la peine d'en parler.

Comme tous les Jeune-France, Trialph a sur sa chiffonnière, auprès de son lit, une tête de mort non lavée à la chaux, toute jaune encore de rouille humaine. Dans le creux de l'œil droit il a placé la montre d'un *curé de campagne* (le parrain de Mardoche, probablement) et dans le creux de l'œil gauche un charmant petit thermomètre. — La charpente osseuse du nez lui sert à suspendre ses bagues d'or et le camée d'un bracelet qu'il « a volé un jour à une fougueuse italienne, qui s'est mise depuis à chanter, *la misérable créature*, pieds nus, sur les boulevarts. »

Trialph, à son réveil, met des gants glacés et se rend chez la femme mûre à qui il a demandé un rendez-vous, Mme la comtesse de Liadières.

Il fait sa cour à la façon des Jeune-France, c'est-à-dire il ricane, il pâlit, il déchire sa poitrine avec ses ongles, il pose sa main sur la rampe du balcon en murmurant : — Mon Dieu ! que ce ciel est pur ; mon Dieu ! que cet air est suave !... Mais lui, son front est brûlant, son sang bout dans sa tempe à lui ouvrir le crâne ; il essaie de parler de choses indifférentes, du bois de Boulogne, du paillasse Debureau, de l'athéisme, des Polonais, de tout ce qui est à la mode ; enfin il se jette aux genoux de la comtesse et la tutoie :

— Femme ! que tu es belle ainsi !

La comtesse ne fait pas jeter cet animal à la porte. Au contraire ; elle le trouve intéressant, nouveau. Cela enhardit Trialph, qui se lance dans toutes sortes de sarcasmes contre l'amour, contre la patrie, contre la gloire, contre les belles-lettres, contre la lune, contre la législation actuelle, contre les jolies femmes, et qui termine par un *éclat de rire convulsif,* — cet éclat de rire convulsif sur lequel ont vécu tant de romans et tant de drames !

—Vous m'effrayez, dit la comtesse de Liadières ; pourquoi rire ainsi ?

—Je ris, madame, de ne pas me voir pendu ou brûlé vif. Un matin que je rencontrerai la signora Société dans les rues de Paris, je veux en passant lui jeter au nez cette prédiction qu'elle mourra l'année prochaine, s'il éclot par hasard en France trente faquins de bouffons comme moi !

Cela est bien sage dans la bouche de Trialph.

Mais Trialph ne s'attarde pas longtemps dans sa franchise. Quand il lui est bien prouvé que la comtesse l'aime, le voilà qui devient brutal et grossier envers cette femme charmante ; le voilà qui l'appelle coquette, déloyale, qui lui parle de M. Liadières et qui se déchaîne contre l'adultère. Il marche à grands pas dans le boudoir, il est écumant, il est frénétique ; enfer et puissances du ciel! Massacre et railleries ! Il casse le cordon de la sonnette, il éreinte le tapis à coups de talon de botte, il frappe à poing fermé sur le piano. La comtesse épouvantée, se roule dans un coin comme un serpent en spirale. Immobile et muet, Trialph la glace d'un sourire diabolique.

« *Je devais être horriblement beau!* ajoute-t-il. »

Vraiment, j'éprouve quelque honte à vous raconter ces désordres. Telle était pourtant une scène d'amour en ces temps-là, tels étaient les amoureux du livre et de la scène. — Trialph n'est guère plus exagéré qu'Antony; il ne sait pas ce qu'il veut, il ne veut plus ce qu'il a demandé, il menace, il implore, il sanglotte, il a la fièvre.

Ils avaient tous la fièvre, alors.

Cette *furia* d'amour, répandue en littérature par *Indiana,* par les drames fauves, par les poésies noires, a été assez heureusement caractérisée dans un vaudeville joué par Arnal :

> Quel plaisir de tordre
> Nos bras amoureux,
> Et puis de nous mordre
> En hurlant tous deux !

Vous voyez que Trialph est tout à fait dans la tradition, lorsque hérissé, funeste et se *gorgiasant* à l'aise dans son délire satanique, il foule aux pieds cette femme du monde, cette comtesse, — absolument comme si c'était Mme Dorval.

Silence! Voici le mari qui entre, M. de Liadières.

« M. de Liadières alla se poser debout devant la cheminée. Il contempla d'un air froid et sérieux la comtesse, qui n'osait s'approcher de lui. Elle était échevelée. Le *vieillard* soupira. Jamais la majestueuse sérénité de son front chauve ne m'avait inspiré autant de respect; il me paraissait voir une ondée de lumière descendre sur le visage de cet homme comme un rayon pur de soleil sur la neige éblouissante des Alpes. *Oh! il était beau, ce vieillard! Qu'il était beau!* »

Reconnaissez le vieillard de *Portia*, d'Alfred de Musset, ce même vieux à tiroir, — dévasté et noble, — qui défraie toute la littérature d'après Juillet.

Trialph et le vieillard se sont compris dans un seul regard : ils se battront à la pointe du jour.

En attendant, Trialph va dîner avec des républicains qui conspirent.

Il sable le champagne.

Il fume des feuilles sèches d'opium.

Les républicains émettent divers procédés pour se défaire du roi Louis-Philippe.

— Je m'offre, s'écrie l'un deux, à le piquer avec une aiguille aiguisée d'acide prussique, en lui donnant une poignée de main, *comme il en prodigue aux vils séides qui se foulent au-devant de son cheval.*

— Quand agiras-tu?

— Je voudrais bien ne plus souffrir du pied : jamais je ne parviendrais à m'echapper...

Interrogé à son tour, Trialph convient qu'il n'est qu'un détestable farceur dont ils n'ont pas besoin.

Fi du Trialph !

Trialph laisse là cette mauvaise compagnie.

Il entre au Théâtre-Français.

Il se promène dans le foyer où sont réunis les *aristarques de la presse :* « colporteurs de cancans, jansénistes littéraires; puis, tout le *servum pecus* romantique des moutons qui bêlent, parce que le bélier marche en avant; aiglons de basse-cour, rapsodes benêts, automates extatiques qui dansent toute une soirée comme les poupées de l'immortel Séraphin ! »

Ah çà ! dira-t-on, Trialph n'est donc pas romantique ?

Certainement non !

Trialph professe des opinions énergiquement classiques, — à la façon d'Eugène Delacroix ; — il adore *Athalie* et *Phèdre;* c'est un enragé de modéré.

Trialph classique, c'est bien plus drôle !

Ainsi charme-t-il ses loisirs, en attendant l'heure de son duel avec M. de Liadières.

A ce duel M. de Liaidères juge convenable d'amener, en guise de témoin, sa femme, la comtesse, — ce qui déroute entièrement Trialph.

— La religion des usages, pense-t-il, se refuse à ce que j'assassine le mari de ma maîtresse, devant elle. Je n'ai encore rien vu de cela dans aucune de nos pièces, dans aucun de nos romans. Je ne veux pas devancer le drame de la scène dans le drame de ma vie. La littérature crée des mœurs aux sociétés qui veulent sembler vivre. La bonne décence prescrit le reste *aux honnêtes gens qui ont du goût.*

Il essaie de soumettre à M. de Liadières cette observation pleine de délicatesse; mais le *beau vieillard* le traite de misérable et lui croise ses deux poings sous le menton.

C'est un ancien militaire, — comme tous les vieillards de la littérature.

On arrive dans un endroit écarté, près de la barrière Saint-Jacques.

La femme pleure.

Les deux hommes sautent sur les épées.

Le cocher fume sa pipe, en caressant tranquillement ses bêtes.

Tirade sur le beau temps qu'il fait.

La femme se meurtrit les bras.

Les deux hommes fondent l'un sur l'autre.

Le cocher détourne les yeux.

Tirade sur le duel : « Le duel prouve ce qu'il veut prouver, je le soutiens. On a beau mouler des phrases, tout ce qui n'est pas le duel ment à ceux qui doivent se battre. Le meilleur raisonnement contre les ampoules du style et les sophismes de la sensibilité, c'est que notre estomac digère la chair des animaux et notre conscience les conséquences d'un duel honorable. »

La femme s'évanouit...

Trialph vient de faire voler en éclats l'épée de M. de Liadières, il ne veut pas du sang de ce vieillard !

Ce jour-là, par un hasard étrange, on guillotine un boucher sur la place de la barrière Saint-Jacques; — la scène de guillotine est indispensable dans les romans de 1833, — toutes les fenêtres sont louées : à l'une d'elles, Trialph aperçoit Nanine, cette jeune fille du premier chapitre à qui il a adressé une déclaration républicaine. La société est fort belle et respire des violettes en attendant le condamné. Comme Trialph est connu pour un peu poëte, on le prie de réciter des vers, du *gracieux*, de *l'aérien*.

Trialph récite une ballade intitulée le *Sylphe*, — la crème de sa littérature, dit-il, la meringue de ses œuvres fugitives.

Pendant ce temps-là, Nanine a posé sur le pied de Trialph son joli soulier satiné.

— C'en est fait, Trialph aimera Nanine. Il l'aime déjà !

— Au large ! s'écrie-t-il, j'aime ! j'aime ! Moi, j'aime d'amour ! C'est Nanine que j'aime, et je l'aime plus que je voudrais l'aimer, je le vois. Mais qu'importe ! Je ne suis pas habitué à jeter mes passions au dehors, comme on fait d'un créancier qui mettrait la main sur votre habit, en disant : Vous n'avez pas le droit de porter cet habit !

Puis tout aussitôt, — car l'âme de Trialph est comme la patte d'oie d'une forêt où se croisent divers sentiers, — il lui vient des inquiétudes, des troubles que, par parenthèse, il exprime en très-poétique langage : « A prévoir de loin, peut-être ai-je peur avec raison que cette vierge blonde s'abandonne parfois à des instincts de coquetterie. Quand, pour me plaindre alors, je m'approcherai d'elle, au milieu de la foule des indifférents, Nanine, je le crois, voudra bien avoir la complaisance de ne pas s'éloigner. Je serai pâle, je tremblerai. D'une bouche timide qui permettra à peine aux sons de ma voix de se faire entendre, je lui dirai : Vous me trompez

Elle répondra vite : Non !... Et sans que rien l'ait troublée ensuite, elle s'envolera vers d'autres hommages, moins sérieux, moins exigeants. Puis, en se souvenant par hasard de mes inquiétudes : C'est un fou qui m'aime trop ! se répétera-t-elle pendant la danse où j'épierai les regards furtifs de ses beaux yeux noirs, presque toujours pleins de bonheur...

« Néanmoins, *je consens à l'aimer !* » ajoute Trialph, en concluant.

Hélas ! cher Trialph, tu comptes sans ton ami Ernest !

Ernest est un jeune homme qui a la main heureusement gantée et qui s'est acquis je ne sais quelle grâce à jeter son lorgnon au-devant de toutes les loges d'Opéra.

Au moment où la belle société se porte aux fenêtres pour voir arriver la charrette, Ernest s'approche de Trialph et lui jette discrètement dans le tuyau de l'oreille la nouvelle de son prochain mariage — avec Mlle Nanine de Massy.

— Il me faut un meurtre ! murmure Trialph.

Enfin !

Je trouve, moi, que ce meurtre s'est bien fait attendre.

Le premier meurtre de Trialph, — c'est tout uniment un suicide.

Trialph, qui n'y met pas de prétention, se fait un verre d'eau sucrée avec plusieurs petits paquets de morphine; et il l'avale, pendant que le couteau de la guillotine tranche la tête du boucher de la barrière Saint-Jacques.

Fait ! comme disent les enfants, au jeu de cache-cache.

Quand il s'est empoisonné, Trialph veut assister à un bal : — Oui, s'écrie-t-il, puisque la lutte m'a épuisé avant le terme, ma place de mort est là, aux splendeurs factices de la lumière des bougies, parmi les femmes et les fleurs artificielles, parmi les égoïstes, les repus, les contents, les orgueilleux, les ingrats, parmi les privilégiés, les accapareurs de places, les brevetés, les pensionnés, les distributeurs de médailles et de couronnes, parmi ceux qui volent au jeu de cartes et ceux qui ne se fatiguent pas de la valse adultère !

La *valse adultère !* voilà leur grand mot, leur grande pudeur.

O moralité des Jeune-France !

Au bal, — Trialph danse comme un perdu, il boit du punch, il copie sa ballade du *Sylphe* sur l'album d'une vieille dame, il se livre à la valse adultère, il fait mille gambades, — et, en fin de compte, il reconnaît qu'il s'est mal empoisonné. Déception !

Au désespoir d'avoir manqué son coup, Trialph se rend dans le bureau d'un journal, et, moyennant quelques centimes, il fait insérer les lignes suivantes :

« Un particulier, décidé au suicide, désire exploiter avantageusement sa mort, pour payer la corbeille de noces d'une femme, qu'un de ses amis arrache à son amour. Il offre donc le sacrifice de sa vie à la merci d'un projet quelconque, moyennant une somme dont il sera convenu entre les parties intéressées. — S'adresser, pour les renseignements, à M. A. B., poste restante, à Paris. »

Cette annonce a pour résultat d'amener une lettre anonyme qui enjoint à Trialph de se trouver, masqué, au bal de l'Opéra.

Là, Trialph se voit accosté par M. le comte de Liadières, qui lui offre une somme assez rondelette, s'il veut assassiner la comtesse.

Stupeur de Trialph!

Après quelques instants de réflexion, il accepte la somme et va la jouer à Frascati.

Frascati! le jeu! les impures en décolleté de dentelles! Le râteau infernal! les doigts maigres qui s'allongent en tremblant pour froisser les billets de banque! Les visages pâles et froids sous la sueur! Encore un thème que Trialph se garde bien de laisser échapper, et sur lequel il brode les plus *voyantes* métaphores.

Trialph rencontre Ernest à Frascati.

— Ernest, veux-tu que je te joue ta femme Nanine?

— Farceur!

— Huit mille francs?

— Immoral!

— Seize mille?

— Diable!

Ernest se laisse tenter : il joue et il perd.

— Maintenant, ta maîtresse? continue Trialph.

— Soit.

Ernest perd encore; il perd toujours.

Néanmoins, comme c'est un beau joueur, il conduit lui-même mélancoliquement Trialph sous le balcon de sa maîtresse; il lui montre l'échelle de corde préparée, la fenêtre mystérieusement entr'ouverte, et, étouffant un soupir, il lui dit : Va !

— Bah ! exclame Trialph ; mais c'est chez la comtesse de Liadières ?

— Sans doute.

— Mme de Liadières serait ta maîtresse ?

— Depuis six mois.

— Anathème !

Trialph bondit sur Ernest, et le jette, sanglant, sur le pavé.

Après quoi, il escalade le balcon.

. . . .

« Le comte parut.

» Il était tête nue, et croisait ses deux bras sur sa poitrine.

— » Avez-vous fini ?

— » Oui, répondis-je en montrant la comtesse étendue sur le parquet.

» Le vieillard prit un flambeau et se hâta d'incendier les rideaux et les toiles de la chambre adultère. »

Deux heures après, une berline roule vers l'Océan.

Elle emporte Trialph au suicide.

Il a tué Ernest, il a tué Mme de Liadières, il a tué Nanine — en lui chatouillant la plante des pieds ; — il va se tuer à son tour.

Sur la plage, Trialph coudoie un comédien à qui il remet ses mémoires ou plutôt ce qu'il appelle ses *Roueries :*

« Nous nous complimentâmes longtemps sur le port en face de l'eau.

» Il m'a quitté enfin, l'*égoïste !*
» A la mer, à la mer, le Trialph ! »
FIN.

Voilà ce livre tout entier, — une des expressions les plus fidèles de l'orgie romancière. J'ai disséqué celui-là, afin d'être dispensé de disséquer les autres, — car il y en a d'autres. Il y a le *Champavert* de Petrus Borel; il y a les premières frénésies de Jules Lacroix. Il y en a de pires encore, auprès desquels les productions clandestines du Directoire ne sont que des berquinades. — Rappelons souvent cela, afin d'*innocenter* les nouveaux-venus de la littérature, les véritables jeunes gens du roman et du style, dont les quelques écarts ont pu être incriminés par des ermites de la critique, dont la robe de bure ne cachait pas assez la queue frétillante des diables de 1833.

Lassailly valait mieux que son livre, ce qui ne veut pas dire que son livre ne vaille absolument rien. Vous y aurez remarqué, comme moi, des formules attrayantes et nouvelles, d'heureuses témérités, un certain esprit qui, loin de courir les rues, marche sur la crête des toits. D'ailleurs, rien que cela. — A mon sens, l'auteur des *Roueries de Trialph* aurait dû être à la fois puni par une détention d'un an et récompensé par une pension sur les fonds du ministère de l'Intérieur.

Ce qu'on ne trouve pas dans les *Roueries de Trialph*, ce sont des *roueries*, — et je m'explique difficilement un pareil titre, à moins que le roman lui-même ne soit d'un bout à l'autre une mystification, ce qui pourrait bien être, mais ce que j'hésite à croire : — Lassailly n'était pas si gouailleur!

Abrégeons.

Il y a la beauté du diable, qui est simplement la jeunesse et la fraîcheur. Ne peut-on pas dire aussi qu'il y a la littérature du diable?

La littérature du diable, — c'est le délire, c'est l'emportement, c'est l'abandon, c'est l'incohérence, c'est tout ce qu'il ne faut pas.

C'est tout ce qui plaît, sans avoir raison de plaire.

Lassailly appartenait, par ses premières feuilles noircies, à cette littérature maudite et chiffonnée, qui semble avoir fait un pacte avec la Mort....

ABD-EL-KADER.

ABD-EL-KADER.

Un matin de l'automne de 1848 — je me suis sauvé de Paris, comme si j'avais eu une guillotine à mes trousses. Ainsi que le voyageur de Néel « je mis dans un grand sac de nuit tout mon nécessaire : savoir, ma robe de chambre de calemande rayée, deux chemises à languettes, un bonnet de velours aurore brodé en argent, des pantoufles, une poire à poudre, ma flûte à bec, ma carte géographique, un sixain de piquet, trois jeux de *comète*, un jeu d'oie, mon flacon à cuvette, mon manchon de renard, mon parapluie de taffetas vert et ma grande canne vernissée (1). » Il ne me restait plus

(1) *Petit voyage à Saint-Cloud par mer et retour par terre.*

qu'à m'enquérir des heures de départ du coche, lorsque j'appris qu'il n'y avait plus de coche, grand ni petit.

Pendant un mois, les autorités civiles et militaires invitées, aux termes de mon passeport, à me laisser passer *et librement circuler*, n'ont pas failli à leur devoir. Je me suis promené de côté et d'autre, en long et en large, sans être inquiété ; si ce n'est pourtant à Ruffec, où un gendarme s'est longuement pris à lire mon signalement d'un air farouche, en tenant le papier à rebours. Il ne m'est pas d'ailleurs arrivé grand'chose ; et dussé-je me mettre mal avec M. Emile Augier, je dirai vertement que je regarde les aventures de diligence comme un paradoxe badin de son grand-père, Pigault-Lebrun, — l'auteur de *Métusko* et de *M. de Roberville* ou *l'Homme à projets*.

« Le hasard avait placé Valcœur à côté d'une jeune veuve à la taille de nymphe, à la physionomie céleste ; vingt-quatre ans à peine, et un feu ! un enjouement !.. Au premier relai, pour commencer une explication, notre héros se hasarde à presser furtivement le pied de sa jolie voisine... un regard brûlant accompagné d'une vive rougeur, est la seule réponse qu'il obtient. La voiture passait en ce moment dans un chemin de traverse, ce qui occasionnait des cahots fréquents et causait de grandes frayeurs à la jeune veuve.... Valcœur voyait venir la nuit avec, etc., etc., » C'est ordinairement de la sorte que débutent ces mensonges agaçants, auxquels l'entreprise des maîtres de poste ne serait pas fâchée de nous faire croire.

Je me suis formé. — Au moins, ce voyage m'aura-t-il été bon à quelque chose. J'ai acquis la certitude qu'il n'y avait pas rien que la politique au monde, comme on voudrait le faire croire ici. La preuve, c'est qu'à Nantes j'ai été à la noce d'un tailleur de mes amis, et que l'on y a dansé, Dieu sait comme ! — Une pirouette sur un cratère ! — Malgré les éboulements sociaux, il y a toujours des gens qui se grisent, des femmes attentives à leurs papillottes, du monde au café des Aveugles, des rentiers qui dressent leur chien à faire le mort, des parties de billards, de jeunes amours, des airs nouveaux arrangés pour flûte et violon, et des hommes qui font cuire leur père dans un four, — comme j'en ai vu guillotiner un à Napoléon-Vendée. C'est le même train de vie que sous les rois.

Le ciel m'est témoin qu'alors je ne songeais pas plus à rencontrer Abd-el-Kader que le grand Turc. — Passant par Bordeaux, je me suis croisé avec lui, bien par hasard. Je sortais un vendredi matin du Champ-de-Foire, et je remontais les fossés du Chapeau-Rouge, lorsque j'aperçus beaucoup de monde arrêté devant un hôtel. Il n'y avait pas cinq minutes que l'émir venait d'arriver. Quelques têtes d'Arabes se montraient de temps en temps aux fenêtres ; — une négresse surtout, qui avait écarté un rideau du premier étage pour mieux voir, excita l'attention de la foule qui se prit à l'applaudir et à la siffler. C'était la femme *en second* d'Abd-el-Kader.

Bordeaux, — la ville du midi où il se fabrique le plus d'enthousiasme, — s'est empressé sur les traces d'Abd-el-Kader avec une ferveur non pareille. Les croisées des maisons qui regardent l'hôtel n'ont pas cessé d'étaler les plus gracieux visages de femmes qu'on puisse voir. L'exposition a duré trois jours. — Je ne parle pas de

celles qui se pressaient dans la rue, en voiture ou autre
ment. Beaucoup eussent donné gros pour obtenir l[a]
permission de baiser les pieds nus de l'émir, — qu[i]
sont, dit-on, d'une grande beauté.

J'ai vu Abd-el-Kader. A Paris, probablement je n[e]
l'eusse pas plus regardé que M. Glais-Bizoin quand i[l]
passe. Mais ici, je n'avais rien à faire de mieux. — C'es[t]
un petit homme, au visage blanc et doux, frêle de corps
et qui semble plutôt avoir été élevé dans du coton qu[e]
dans les cavernes de l'Arabie. Il penche habituellemen[t]
la tête et ne sourit que par les yeux, qui sont d'un gri[s]
bleuâtre. — J'ai surtout admiré ses dents, d'une blan[-]
cheur et d'une transparence à désespérer une chano[i-]
nesse de vingt-huit ans. Une seule perle fait tache dan[s]
ce cordon merveilleux : c'est la *dent de Mahomet*, par[-]
faitement jaune, mais d'un jaune d'or, et que l'on dés[i-]
gne ainsi avec vénération, parce qu'Abd-el-Kader est l[e]
seul, depuis le Prophète, chez qui se soit reproduit c[e]
phénomène significatif.

Il habite avec sa mère et ses femmes au nombre d[e]
quarante environ. Quant à son père, voilà plusieur[s]
années qu'il est mort. On trouve quelques détails su[r]
lui dans un écrivain assez obscur, M. Eugène Cavaignac[.]

« Meï-ed-Din, père d'Abd-el-Kader, était un marabou[t]
fort respecté. Depuis qu'il *avait* pris part à une entre[-]
prise assez récente dans la province d'Oran, il *avai[t]*
été trop bien surveillé pour continuer à prêcher la ré[-]
sistance ; mais il *avait* élevé son fils dans la confidenc[e]
de ses projets. Il vivait encore *lors* de notre arrivée dan[s]
la province ; et dès *lors*, retiré chez les Arabes, il y fu[t]
un de nos plus ardents adversaires. Empoisonné par Ben

Nouna, dit-on, qui, chef *alors* à Tlemcen et homme ambitieux lui-même, voulut se défaire d'un dangereux rival, il légua à Abd-el-Kader, son second fils, le soin de le remplacer dans le rôle qu'il avait depuis longtemps adopté. Une révélation divine lui désigna, dit-il, ce fils comme chargé de l'avenir de son peuple, et, avant sa mort, il le fit reconnaître par ses partisans. C'est ainsi que l'émir s'est trouvé placé sur le seuil du théâtre où il a tant grandi depuis (1). »

Le lendemain, je vis encore Abd-el-Kader. C'était au Grand-Théâtre. — On jouait deux actes de *la Muette de Portici* et *Marcobomba ou le Sergent fanfaron*, ballet espagnol. Tout Bordeaux avait retenu ses places. C'était un tumulte, une flamme, un froissement de toilettes à rappeler les plus radieuses soirées du Théâtre-Italien. — Le premier acte se chanta sans qu'on y fît attention ; tous les regards étaient tournés vers la loge municipale réservée à l'émir et faisant face à la scène ; on écoutait l'opéra par le dos. L'entr'acte se passa de la sorte, au milieu d'un désappointement unanime. — Pourtant comme la toile allait se relever, un avoué entra dans la loge restée vide jusqu'à ce moment, et s'assit au coin de droite, sur un fauteuil de velours rouge. Le public, en train de rire, l'accueillit par une salve d'ironiques bravos. L'avoué, qui est aussi un adjoint au maire, se pinça les lèvres (2) eut une pointe de dédain et parut s'absorber dans l'audition du chef-d'œuvre d'Auber. — Peu de temps après, l'émir entra.

(1) *De la régence d'Alger*, par Eugène Cavaignac, chef de bataillon en non activité, 2 vol. in-8.

(2) Cet avoué a pour nom M. Supiot.

Il salua la foule de sa petite main blanche et sour[it]
avec mélancolie. C'était la première fois qu'il mettait l[e]
pied dans une salle de spectacle; cependant il ne paru[t]
ni trop ébloui ni trop étonné. Tout au contraire, u[n]
Arabe qui l'accompagnait, laissait éclater, sur sa phy[-]
sionomie brûlée, l'expression naïve de son admiration
et riait au lustre. — Abd-el-Kader s'assit sur le devan[t]
de la loge, à côté de l'avoué qui se mit à faire le bea[u]
et à regarder les spectateurs avec triomphe. Cet avou[é]
avait un habit de drap noir qui reluisait, et des gant[s]
noirs qui faisaient rêver d'hypothèques. J'étais navr[é]
de philosophie devant le tableau bizarre qui vivait sou[s]
mes yeux : *Abd-el-Kader et un avoué, à la Comédie*[.]
Mais je ne regrettais pas les cent cinquante lieues que j[e]
venais de faire.

Abd-el-Kader s'en alla le surlendemain matin, u[n]
dimanche.

ROSSINI.

ROSSINI.

Rossini s'est marié, c'est-à-dire remarié; car voilà la seconde fois que cela lui arrive. La première fois avec la Colbrand, hier avec mademoiselle Olympe Pélissier. Beaumarchais, cet autre auteur du *Barbier de Séville,* s'y était pris également à deux fois.

Donnons un peu, s'il vous plaît, les violons au seigneur Rossini. Une petite *serenata* sous le balcon des fenêtres nuptiales. Justement le clair de lune vient de se lever et inonde la place de ses eaux blanchâtres. L'heure est merveilleusement choisie. Tirons nos guitares de dessous nos manteaux bruns, et commençons.

Holà! seigneur maëstro, si vous ne dormez pas, venez donc entendre un de ces beaux airs que vous faisiez si bien autrefois? Il y avait dans ce temps-là quelqu'un qui s'appelait je ne sais plus de quel nom, et que vous avez dû connaître; un enfant qui ne se levait et ne se couchait guères sans une mélodie sur les lèvres, et qui improvisait à vingt ans pour le théâtre de la Fenice cette suave musique de *Tancredi,* que nous vous jouons à cette heure, les larmes aux paupières. — Piano, pianissimo, vous autres; en sourdine, maintenant.

Dites-nous de ses nouvelles, seigneur époux, et ce qu'il est devenu depuis ces temps anciens? C'était un ardent génie, ce nous semble, jetant à droite et à gauche son inspiration débordante, et mettant la passion en opéra, comme Raphaël la mettait en peinture et Molière en comédie. Attendez, voici qu'il nous revient de lui un chœur de *Semiramide;* cela monte à l'âme comme une marée, voyez-vous. — Allez, les basses; allez, le ténor!

L'auriez-vous rencontré, par hasard? Autant qu'il nous en souvienne, il était âpre au plaisir comme à la gloire, ne se reposant d'un succès que dans une fête; hier à Venise, aujourd'hui à Naples, demain à Rome, à Londres, à Paris. Une vie tonnante que la sienne; un triomphe sans frein, universel. — Mes amis, faites-nous entendre quelque chose du *Comte Ory,* à présent, comme qui dirait: *Noble châtelaine, voyez notre peine.*

Si vous l'accostez, seigneur époux, dites-lui bien des choses de notre part, d'abord, et puis ensuite que c'est un ingrat et un oublieux; que nous sommes là tout un peuple de beaux fils sous ses fenêtres, ne ressemblant pas mal à la première scène d'un opéra, avec le feutre rabattu sur les sourcils et l'allure mystérieuse de circonstance. M. de Saint-Georges, M. de Planard et M. de Leuven ont fait des poëmes avec moins que cela, puisque aujourd'hui l'on appelle cela des poëmes. — Entendez-vous, maëstro sournois; dites-lui que nous étions venus lui demander humblement l'aumône d'un peu de musique, et qu'il ne nous reste plus qu'à déchirer nos gants jaunes de désespoir et à aller nous griser affreusement dans la première *locanda* venue. Voilà ce dont sera cause *il signor* Rossini. Hélas! hélas! que dira le balcon des Italiens et le boulevart des Italiens, quand ils nous verront revenir vers eux comme nous étions partis? C'était bien la peine, ma foi, de lui faire une statue en marbre, avec des favoris en marbre et des sous-pieds en marbre. Nous en voilà bellement récompensés! Qui paiera le marbre et la statue, maintenant? Nous avions si bien mis dans notre tête d'avoir un opéra de Rossini pour notre peine, que nous en fredonnions déjà les principaux motifs entre nos dents; c'était le grand air de la prima-donna, la cavatine du baryton, et le finale du premier acte, et ce quintette aussi, avec accompagnement d'instruments à cordes, et jusqu'à ce trait *pizzicato*. L'opéra tout entier serait mis en scène, à l'heure qu'il est, si l'on nous eût laissé faire. Gustave de Mauléon avait vu la partition écrite d'un bout à l'autre de la main du maître. Francis de Chantocé avait obtenu de copier l'*aria* de soprano, et il l'avait montré à tout le monde, en demandant le plus profond secret. — Rossini! Rossini! veux-tu donc nous faire mentir à présent; veux-tu nous faire passer pour des imposteurs ou des contrefacteurs. A quelle effroyable saison d'hiver ton abandon va-t-il nous livrer ? Qu'est-ce que nous ferons de nos bouquets, de nos lorgnons, de nos piétinements de nos *bravi*, et de nos *brava*, de cet enthousiasme que nous jetons au nez du premier venu, parce qu'il faut bien, après tout, que nous n'en perdions pas l'habitude? Est-ce que nous allons revenir au *Fantasma* et au *Nabucco*, cette fois encore ? Par tous les saints et toutes les madones de l'Italie, délivre-nous de cet orage prêt à fondre sur nous, Rossini. — *Ora pro nobis*, grand maëstro !

Par ma foi ! mes amis, ne vous semble-t-il pas comme à moi que le seigneur époux vient de fermer sa fenêtre et de souffler sa lumière? Cela n'est guère poli, *per Bacco !* même je ne jurerais point de ne pas lui avoir entendu murmurer cette phrase ravissante que vous connaissez tous : *Ce vacarme va m'étourdir !* — Adieu donc, seigneur marié, et que le ciel vous garde, puisque nous n'avons que le don de vous écorcher les oreilles avec votre propre musique ! Bonne nuit, maëstro ; bonne nuit, Rossini ! — (*La musique se perd dans l'éloignement...*)

Ainsi fait Rossini, en effet. Il brûle la politesse aux donneurs de sérénade et se rendort sur les deux oreilles, envoyant au diable ces sottes gens et leur sotte manie ! — La peste soit de mes chefs-d'œuvre ! se dit-il en maugréant ; ne me laissera-t-on jamais tranquille, et ne pourrai-je avoir le repos après le travail, le bonheur après la gloire? N'est-il plus un coin quelque part où d'être un homme inconnu l'on ait la liberté? Mon existence ne m'appartient-elle plus, et ne puis-je l'arranger à ma guise? Après leur avoir donné mon passé, leur faudra-t-il encore donner mon avenir? Oh! que non pas!

Oh! les fâcheux et les importuns, qui profitent de tout, même de mon mariage, pour me rappeller que je suis un grand homme, lorsque je ne veux plus être qu'un bon homme! qui viennent me relancer jusque dans l'église, jusqu'au pied de l'autel, — où je me dirige allégrement avec mon bouquet au côté et ma nouvelle femme sous le bras, — en me chantonnant l'*hyménée fortunée* de *Guillaume Tell*. Oh! le maudit orgue qui me bénit avec un de mes airs d'opéra! Oh! l'exécrable orchestre qui me fait danser au son de mes ritournelles! N'y a-t-il plus d'autre musique au monde que la mienne, d'autre musicien que Rossini? — Une fortune à qui me jouera les œuvres complètes de Musard, de Bolhmann, de Clapisson, de M. de Flotow et d'Alfred Quidant, l'auteur de *Ma Goëlette!*

Pauvre Rossini! — il croyait pourtant avoir bien gagné ses quelques années de calme et de *farniente*; il croyait, au jour et à l'heure qu'il lui plairait, n'avoir qu'à serrer la main à ses amis et à leur dire adieu, pour qu'on le laissât partir et qu'on ne s'inquiétât plus de lui. Absolument comme un droguiste de la rue des Lombards qui se retire des affaires, pour aller vivre à la campagne. Il avait arrangé cela de cette façon.

Il se disait qu'avant d'être un artiste il était un homme, et qu'après avoir vécu comme un artiste, de cette vie de flamme et de chant, il était temps peut-être de vivre comme un homme, comme un homme de ses opéras. Ce doit être une bien belle chose, pensait-il, de passer les heures et les jours au bord de l'eau, à pêcher à la ligne, immobile, sous le feuillage frémissant des arbres inclinés, — des arbres véritables qui ne sont point en carton, — au murmure des flots transparents, sous lesquels ne dansent point les *bambini* de la Scala ou les gamins de la rue Lepelletier, — entouré d'un gazon réel et velouté, mélangé de fleurs rouges et de boutons d'or, avec des oiseaux dans tous les buissons, — des fauvettes qui n'ont jamais appris le solfége, et des rossignols qui ne sont point des flûtes,—sous un lustre éblouissant que nul ne descend et ne monte, — au milieu de cette nature enfin, tour à tour riante, majestueuse ou terrible, que j'ai décrite avant de la connaître, et qui se reflète si magnifiquement dans mes pages sonores, depuis la romance du *Saule* de Desdemone, jusqu'à la vaste et sublime mélodie de la princesse Mathilde : *Sombres forêts.*

Et puis songez donc ! — se promener au grand air comme un particulier, un bourgeois, un citoyen, pour se promener seulement; ne plus avoir de poëtes, de chanteurs, de directeurs, de régisseurs à ses trousses ; se moquer de l'indisposition du ténor ou du *basso cantante;* ne plus avoir sa vie, son âme, sa fortune, sa renommée suspendues aux yeux, aux lèvres, aux mains d'un public capricieux et absolu; être son maître, n'obéir qu'à sa volonté; se dire : Je veux ! et, le moment d'après : Je ne veux plus ! — et, de temps à autre, pour se distraire, se rappeler que de par le monde il existe un certain Joachim Rossini, l'ami de Louis XVIII, de Georges IV, de M. de Metternich, de tous les rois et de tous les ministres de la terre, décoré par le roi de France, par le roi d'Espagne, par le roi des Belges, par l'empereur de Brésil, par quel autre roi et par quel autre empereur encore? devenir alors le spectateur de cet homme qui a eu les deux mondes pour spectateurs ; se mettre aux fenêtres pour le voir passer, le saluer, lui sourire, crier bravo à sa gloire passée et se dire tout bas : Si je voulais, cet homme recommencerait! et ne vouloir pas, et s'en retourner à la pêche, le teint fleuri et le cœur insouciant, sans un soupir, sans un regret, sans un désir, sans une ambition, comme un habitant du monde de Pythagore qui se souviendrait d'avoir été autre fois Alexandre ou Sardanapale, et qui passerait devant son portrait sans s'arrêter !

Quel rêve! — Et c'est ce rêve qu'il essaie à grand'peine de réaliser depuis tantôt quinze ans, luttant avec tout le monde, avec lui-même, avec ses souvenirs, avec les prières et les supplications qui lui arrivent à chaque instant et de toutes parts et par toutes les issues, dans la lettre que son valet de chambre lui remet, dans le journal qu'il déplie sans méfiance, dans la statuette qu'il trouve un matin sur sa cheminée, dans l'orgue de Modène qu'il heurte en sortant, dans le regard et dans le voix de ceux qui le saluent. Partout cette immense clameur qui s'élève sur son passage, et cette parodie d'un autre reproche historique : — Tu dors, Brutus ! Tu dors, Rossini.

Aujourd'hui, voilà que Rossini se marie, et bon gré mal gré nous en induisons qu'il va se remettre à la composition ; de ce qu'il redevient époux, nous amenons la conclusion qu'il ne peut se dispenser de redevenir maëstro. En vérité, nous sommes des gens fort habiles et j'admire l'aplomb de notre logique et la netteté de nos raisonnements. On ne prend pas une femme sans

7.

raisons lyriques, disons-nous; on ne se marie pas à moins d'une partition. L'hymen n'est qu'un état transi toire. C'est l'absinthe d'une symphonie à venir, de mieux encore peut-être. Et moi qui croyais tout bonnemen que Rossini s'était marié pour se marier, usant d'u droit commun à tous les Italiens et à tous les Bolonais uniquement pour savourer au fond de sa villa *le bon heur d'être époux...* (se tournant vers Gemmy :) *le bon heur d'être père!*

Ah bien oui!

Est-ce que Rossini peut avoir renoncé pour toujours aux pompes du théâtre et à l'enivrement du succès Croyez-vous cela, sérieusement, mon cher? Comment cet homme aurait disparu tout à coup, subitement comme Romulus dans un nuage, et lorsque tout le monde avait les yeux fixés sur lui? Il se serait arrêté justement, au milieu de sa route, quand le chemin s'é largissait devant ses pas, et que les buissons en fleurs s'inclinaient sur son passage? Il s'en serait allé comme un homme qui fausserait compagnie précisément lors que la compagnie s'empresserait pour lui faire fête, — comme un joueur qui viendrait de gagner une fortune et qui tournerait le dos aux cartes, — comme un acteur qui ferait baisser le rideau après une tirade applaudie, et sans attendre qu'on le siffle? Parbleu! le tour serait cruel, et Rossini nous aurait volé là comme dans un bois.

Eh! mon Dieu, il n'est pourtant que trop vrai. C'est un si grand mérite que celui de savoir et de pouvoir s'arrêter à temps? Pourquoi chercher à le lui enlever? N'a-t-il pas assez fait dans sa vie; ne vous a-t-il pas donné ses premières et ses plus belles années ; a-t-il eu quinze ans et vingt ans et vingt-cinq ans pour d'autres que pour vous ? Vous avez eu son enfance, sa jeunesse et son âge mûr ; et vous lui demandez maintenant sa vieillesse, sa vieillesse jusqu'à la dernière heure, sa vieillesse jusqu'au dernier soupir, sa vieillesse et puis encore quelque chose avec, si cela est possible ! De quel côté est l'égoïsme, dites-le-moi ?

Mais c'est notre grand défaut, à nous autres, de vouloir toujours savoir le dernier mot du génie, d'assister curieusement à sa décadence, à sa décrépitude, de suivre d'un œil avide les progrès de son agonie et de ne le laisser définitivement tranquille que lorsque nous sommes sûrs de l'avoir vu mourir, mais mourir complétement. Jusque-là, aucun de nous n'aurait le courage de crier à ce vieillard de s'en aller, et qu'il perd sa peine et sa gloire à déteindre misérablement la première moitié de sa vie sur la dernière. Et il faut que ce spectacle ait pour nous un grand charme, pour que rien ne nous en ait corrigé, ni l'agonie de Corneille, ni l'agonie de Voltaire. Il est vrai que nous avons gagné à cela deux ou trois tragédies de plus, dont on se hâte d'oublier les titres et que l'on finit pas effacer des éditions elles-mêmes.

N'est-ce pas une chose bien glorieuse, je vous le demande, que de voir, par exemple, l'acteur Baron jouer *le Cid* en cheveux blancs, et forcé chaque fois d'appeler deux garçons de théâtre à son aide, pour se relever des pieds de Chimène ?

Laissons-en donc un, au moins, emporter avec lui sa gloire tout entière et sans nuage. Ce sera beau de notre part, je vous assure. *Papatacci veut boire, Papatacci veut dormir,* comme dans *l'Italienne à Alger.* Eh bien! mon Dieu, laissons Papatacci dormir et boire selon sa volonté, aller, courir, faire la sieste depuis midi jusqu'à quatre heures, manger du macaroni et jouer à l'incognito, puisque cela lui plaît tellement. Ne nous faisons pas les geôliers de sa fière obstination, n'appliquons pas la contrainte par corps à son indolence, et estimons-nous heureux par-dessus le marché qu'il ne soit pas devenu fou ou imbécile comme tant d'autres, depuis quinze ans qu'il est sans relâche tiré à tant de directeurs et à tant de feuilletons.

On dirait, à nous voir et à nous entendre, que nous sommes le plus pauvre pays du monde en matière de musique et de musiciens; que nous n'avons pas un seul jeune homme en qui mettre notre espérance; que notre salut n'est que dans Rossini, et que hors de Rossini il n'y a ni salut ni opéra possibles. Pourtant, il ne se passe pas de jour qui ne voie surgir un nom nouveau, qui n'entende éclater une œuvre nouvelle. Tant d'œuvres nouvelles et tant de noms nouveaux, qu'il a fallu bâtir hier un troisième théâtre tout exprès.

Et puis encore autre chose. Vous rappelez-vous cette fable de La Fontaine, où un sculpteur recule ébloui devant son propre ouvrage? J'imagine que, de son vivant, vous l'avez canonisé, que vous l'avez déifié, que vous lui avez montré la place qu'il occupera dans la postérité, la niche qu'il remplira dans le temple, que vous lui avez dit sa valeur, que vous lui avez fait peser sa réputation; et étonnez-vous s'il s'arrête brusquement dans son chemin, de crainte de gâter la symétrie de ce triomphe et l'ordonnance de cette apothéose.

Voyez plutôt! vous avez éveillé autour de lui tant de rayons et de fanfares, que vous en avez presque fait un sujet de crainte et d'épouvante pour ceux qui l'approchent. A peine sa femme elle-même a-t-elle déposé le voile de fiancée et détaché les brins d'oranger de son corsage qu'elle s'enfuit, éperdue, dans son appartement, où elle se hâte de tracer ces lignes à un ami : « Je suis vraiment effrayée de mon bonheur! » Le mot est authentique. C'est M. Troupenas qui nous l'a transmis. Au moment de prononcer le oui suprême, il se fait dans sa tête un soudain remue-ménage des chefs-d'œuvre de son immortel époux. Les duos se croisent avec les trios, les rondeaux appellent les cavatines, les romances heurtent les barcarolles. C'est à la fois le *Bonheur suprême, frayeur extrême* mélangé du *Quel beau jour pour l'amour!* et je pense que M. Scribe doit être pour quelque chose dant cette panique conjugale. Sur le point de se trouver en tête-à-tête avec le célèbre, maëstro, son cœur s'agite, tremble et palpite d'un vif émoi, et dans son âme glisse la flamme d'un saint effroi. Peu s'en faut qu'à l'approche de Rossini la pauvre femme ne se croie déjà incendiée, comme Sémélé à l'approche de Jupiter! Oui, Madame, vous avez raison d'être effrayée de votre bonheur; car votre bonheur est effrayant en effet. C'est nous qui l'avons voulu ainsi. Ce n'est pas un homme que vous venez d'épouser, c'est une gloire. Vous venez d'épouser *Tancrède, Othello, Moïse, Guillaume Tell,* et tous ceux que j'oublie, et dont vous vous souvenez mieux que moi, vous, Madame.

Après cela, est-ce un bonheur peut-être que vous soyez si grandement et si justement effrayée.

Le ciel permet parfois, à notre époque, que l'homme de génie trouve une femme selon son rêve et selon son mérite. C'est un grand bienfait, sans doute; et cette femme aura dignement mérité du merci de la postérité, qui aura jusqu'à la fin entouré cet homme de soins et d'amour, et qui se sera faite non-seulement l'épouse du corps, mais encore l'épouse de la pensée.

Autrefois, il n'en était pas ainsi, et c'est une triste et mélancolique histoire que l'histoire de la femme du grand homme, à commencer par la femme de Socrate, qui faisait venir la pluie après l'orage, le crachat après le soufflet,— pour finir à la femme de Jean-Jacques Rousseau, celle-là qui, le lendemain de son illustre veuvage, se remaria avec un palefrenier.

Je me suis souvent demandé où tous ces pauvres gens d'alors s'en allaient prendre leurs femmes. J'imagine que celles-ci leur croyaient faire un grand honneur, sans doute, en ne les refusant pas. Un des premiers de l'Académie française, Guillaume Colletet, épousa jusqu'à trois de ses servantes, pour être dispensé de leur payer des gages.

Les peintres et les musiciens faisaient aussi de même. Un beau jour, ils se mariaient, pour avoir l'air de tout le monde, et ce jour-là ils prenaient un habit neuf en même temps qu'une femme, celle-ci pour raccommoder celui-là. Puis, leur double emplète terminée, on les voyait se rendre au cabaret, se pavanant dans leur habit neuf et criant à tout venant : « Je suis marié ! » sans songer au balai de leur femme qui les attendait derrière la porte.

C'étaient ces Jeannette et ces Margoton, cependant,

qui étaient tour à tour leur Vénus, leur Galatée, leur Sylvanire, leur Chloris. La plupart d'entre elles ont été immortalisées dans des écrits et dans des tableaux. Cette grosse fille qui épluche les herbes, elle a posé pour une nymphe des bosquets d'Amathonte. Cette autre qui tempête et qui jure, c'est la naïve bergère d'une romance langoureuse en trois couplets, avec pipeaux, roseaux et chalumeaux. Qui s'en serait douté?

Pauvres maris ils avaient la tête et le cœur pleins de chefs-d'œuvre, malgré cela. Ils faisaient non pas d'un rêve une réalité, mais d'une réalité un rêve, ce qui est bien différent. Rêve d'autant plus caressé qu'il était plus loin d'eux alors! Leurs créations les plus vaporeuses sont parties de là. Leurs déesses portaient de la bure; leurs anges étaient en sabots.

Et il fallait voir avec quel dédain ces malheureuses poussaient du pied les cahiers qui traînaient par terre, que ce fût l'épître à Claudine ou la romance à Galatée! Comme elles vous reléguaient bien vite au grenier les toiles qui encombraient leur cuisine! Au grenier, Psyché et l'Amour; au grenier, toute la mythologie souriante de l'Olympe! Qui m'a donné un pareil fainéant et un pareil ivrogne? et voyez un peu, sans moi, comment irait le ménage!

Il y a surtout une femme à qui nous en voulons beaucoup en France, quoiqu'elle nous ait valu et parce qu'elle nous a valu justement un des plus douloureux chefs-d'œuvre de notre langue, un de ces drames qu'on n'écrit qu'avec ses propres larmes et avec son propre sang. — Je parle de *l'Ecole des Femmes*, je parle de madame Molière.

Oui, Madame, c'est une histoire infortunée, nous avons bien raison de le dire, que celle de ces pauvres maris si ridiculement heureux; et nous devons être bien fiers d'avoir fait une telle conquête dans le progrès, que ce soit aujourd'hui la femme qui se trouve obligée par l'artiste qui l'épouse; non-seulement obligée et honorée, mais encore *effrayée,* qui plus est.

Soyez tranquille, Madame, le mot restera.

Il restera comme une garantie écrite et solennelle de la félicité du grand maëstro. L'original n'est-il pas entre les mains de M. Troupenas, signé et paraphé par vous? Où trouver un épithalame meilleur que celui-là, et que voulons-nous de plus pour nous consoler? Résignons-nous donc, une fois pour toutes, à cette éclipse du soleil du génie par la lune de miel du mariage.

JEAN JOURNET.

JEAN JOURNET.

Écrit dans l'été de 1849.

Nous avons été voir à Bicêtre, — où l'on vient de le renfermer depuis deux semaines, — un pauvre brave homme, connu dans le monde des littérateurs et des peintres, sous le nom de *l'apôtre Jean Journet*. On l'a affublé du costume des fous, nous ne savons trop pourquoi, bien qu'il ait tenté de nous l'expliquer lui-même avec une grande douceur et un parfait sérieux. Il paraît qu'un soir de représentation, à la Comédie-Française, il s'est avisé de répandre dans la salle, du haut du paradis, quelques-unes de ses pièces de vers. Là gît son crime, c'est-à-dire sa folie. — Nous nous rappelons cette aventure. — Ce soir-là, comme nous allions rentrer dans le théâtre de la rue Richelieu, nous aperçûmes Jean Journet, qui était adossé, méditatif et sombre contre un des piliers du péristyle. Il ne s'éclaircit pas à notre aspect. Il nous entretint longuement de la misère et de la vanité des temps actuels, il nous raconta comment tout allait de mal en pis et pourquoi on *l'empêchait de parler dans les clubs;* c'était là surtout son grave et douloureux grief. Ne pouvoir parler ni en prose ni en vers, lui l'apôtre et le poëte ! Aussi désespérait-il ingénument des clubs et de leur influence. Son discours qui fut assez bref et empreint d'une visible préoccupation, se termina par ces paroles mémorables : — Allez à vos plaisirs ! — On jouait la *Camaraderie* de M. Scribe.

Une fois *à mes plaisirs,* comme il disait, je me mis peu à peu à l'oublier. Au bout d'un quart d'heure, j'étais tout entier à la grâce spirituelle et bonne de mademoiselle Denain, au jeu mignard de mademoiselle Anaïs. La première avait une robe en soie blanche, unie qui lui allait bien de partout et où elle était emprisonnée comme l'eau dans une carafe. Ces deux dames faisaient esprit de tout, de leurs yeux, de leur bouche, de leurs mains blanchettes et longuettes. N'êtes-vous pas de ceux qui préfèrent l'esprit *qui se voit* à l'esprit qui s'entend? — Le quatrième acte allait son train, lorsque tout à coup, v'lan ! une pluie de papiers inonde les spectateurs du parterre, de l'orchestre et des galeries. On lève la tête : c'était Jean Journet qui distribuait la manne divine ; et comme il voyait que chacun s'empressait pour y atteindre :

— Patience, disait-il ; il y en aura pour tout le monde !
Et il recommençait à jeter de droite et de gauche

ses odes, ses hymnes, ses chansons, ses élégies, ses cantates, qui dansaient, se balançaient et tournoyaient en rasant le lustre, comme des papillons blancs autour d'une bougie. Pourtant, au milieu de son opération, voilà que Jean se sent atteint d'un remords ; il s'arrête, il se tourne vers la scène, il demande pardon humblement à mademoiselle Denain et à mademoiselle Anaïs, il les prie à mains jointes de l'excuser. Mais sa mission, dit-il, est impérieuse, il faut qu'il la remplisse ; et, pour cela, il demande la parole *pour cinq minutes.* — Cinq minutes! c'était bien peu de chose. Néanmoins, le public, qui avait eu le temps de s'apercevoir qu'il avait affaire à un apôtre et à un prédicant, refusa les cinq minutes demandées.

— Ramenez-moi à la *Camaraderie*, dit le public du ton que dut prendre ce poëte d'autrefois lorsqu'il répondit : *Ramenez-moi aux carrières!*

Puis arriva la garde, qui emmena Jean Journet. Quelques jours après, il était à Bicêtre.

Si notre mémoire est en bon état, voici la deuxième fois que l'on fait accomplir un si funeste voyage à cette honnête personne, qui n'a que le tort de pousser au bien par des moyens excentriques et d'être un croyant exalté au milieu de nos tièdes croyants. Il croit à quelque chose, lui, à une chose extravagante, poétique, décriée, sublime, au *Phalanstère!* Mais enfin il croit à quelque chose. — Or, Faust qui croit au diable, je l'estime mieux que Don Juan qui ne croit à rien. — Nous disions donc que Jean Journet avait déjà été mis en 1841 à Bicêtre, et que c'est suffisant, à tout prendre. Selon nous, il n'y avait pas lieu à recommencer et le désastre ne serait pas considérable quand on laisserait de temps en temps ce malicieux apôtre intervenir au milieu d'une tragédie, comme un terre-neuve dans un jeu de siam. Tenez, on jouait dimanche *Abufar*; eh bien ! franchement, nous avons regretté Jean Journet.

On veut le guérir, nous le voyons bien. Et quand il sera guéri, c'est-à-dire quand on lui aura ôté sa poésie, éteint son regard, glacé son âme, alors seulement ce sera un homme pareil aux autres hommes. Ce jour-là, Jean Journet aura le droit de dire : Je suis raisonnable ! il pourra, comme tous les gens qui sont raisonnables, aller manger un melon à Romainville, avec ses voisins qui ne dédaigneront plus sa compagnie. Il ira voir des pièces de théâtre et trouvera que *ce Levassor est impayable*. Le monde pourra chanceler sur sa base, Jean Journet, devenu raisonnable, dira : Qu'est-ce que cela me fait ? Il mariera sa charmante petite fille à un avocat ou à un papetier ; quelqu'un de raisonnable aussi. Et Jean Journet sera bien heureux, il n'aura plus de rêves de triomphe ; il n'ira plus chanter dans les banquets, il fera des cornets avec ses vieux refrains, il dira, au dessert, des plaisanteries contre les prêtres ; Jean Journet aura froid au cœur, froid à la tête, froid partout, mais il sera *raisonnable !* — Ah ! ne guérissez jamais Jean Journet.

Pendant les batailles de juin, je l'ai vu qui prêchait l'harmonie et l'union, par un soupirail de l'Abbaye, où on l'avait incarcéré par mégarde. Il rappelait à s'y méprendre le juge des *Plaideurs*. Mais ne rions pas ; c'était une belle parole que celle de Jean Journet, c'était surtout une parole respectable. Sa physionomie s'éclairait comme un ciel à mesure qu'il discourait, sa voix était sonore, son geste déracinait l'incrédulité chez les plus endurcis. Par exemple, il ne faisait pas bon se mettre trop cruellement en travers de ses utopies. Jean Journet voulait qu'autour de lui tout le monde fût de son avis, ou du moins eût l'air d'en être. — Conduit un jour chez Théophile Gautier, il faillit le battre, parce que l'auteur de *Fortunio* s'était pris avec lui de savante et obstinée discussion. — Ses emportements rappelaient ceux des prophètes. Comme cet acteur dont le nom m'échappe, il aurait été capable de soulever des statues dans le paroxisme de sa foi. S'il n'avait pas la prudence des serpents, cet apôtre, en revanche, possédait la force des lions !

Quand nous étions réunis, le soir, trois ou quatre autour d'un pot de bière, il n'était pas rare de voir entrer brusquement Jean Journet, avec son austère caban, son fin et noir regard, sa démarche solennelle. Il serrait la main à tout le monde. — *Bonsoir, apôtre*, disions-nous avec un sourire qui n'avait rien de moqueur ni cependant rien de convaincu. Quelquefois, il y avait deux mois, trois mois que nous ne l'avions vu. Alors, tout en bourrant sa pipe avec un soin terrestre, il nous racontait son dernier voyage. Tantôt c'était de Lyon qu'il arrivait, tantôt de Montpellier, de plus loin encore ; il avait fait la route à pied, comme toujours, car c'était là un apôtre dans la sincère acception du terme. Partout, sur son passage, il avait semé la parole du maître, — le maître Fourier d'abord, et puis le maître Jean Journet ensuite. — Il avait déclamé ses plus belles strophes aux paysans, et une fois déclamées, il les leur avait vendues, et une fois vendues, il leur en avait donné d'autres. Les paysans écoutaient des deux oreilles et prenaient des deux mains, tant cet homme, en proie à ses innocentes extases, avait un beau visage et un beau langage!

Il se trouvait à Bruxelles, une fois. A Bruxelles, Jean Journet se met en tête de pénétrer dans le parc royal et d'avoir un entretien avec Sa Majesté Léopold. Il veut voir en face un front couronné et lui parler des misères sociales. Il entre. — *Qui vive?* lui crie-t-on. — Apôtre, répond-il. Et il passe. Mais, parvenu dans l'antichambre, il est arrêté par des secrétaires qui le questionnent et se mettent à le turlupiner. C'est un fou, dit-on; et ce mot circulant de bouche en bouche, on renvoie Jean Journet, on le chasse. Le triste et fier poëte, qui avait fait un voyage inutile, passa la nuit devant les grilles du jardin; au réveil, il avait composé une de ses meilleures pièces de vers, *le Fou*, la plus navrante que nous connaissions de lui:

> Au pied de ce palais où son destin l'appelle,
> Voyez, tout près du parc, loin de la sentinelle,
> Voyez ce mendiant...
> Lorsque l'aube paraît, quand le soleil se couche,
> De mots mystérieux que Dieu met dans sa bouche,
> Il poursuit le passant.

Voilà où nous en sommes arrivés. De cette qualité si rare et si admirable, — l'enthousiasme! — nous avons fait une folie. Folie, l'air inspiré, la voix sonore, le geste puissant! Folie, les belles larmes et les longs éclats de rire qui nous viennent de Dieu! Un homme qui tressaille sous sa croyance, marchant vers un but fixe, la tête haute, l'œil ouvert, — autrefois c'était un original, aujourd'hui c'est un fou. On le met à Bicêtre. A Bicêtre, l'intelligence bruyante, l'honnêteté active, la poésie en action! Cela fait trembler quand on y réfléchit.

Disons vite que ce second séjour de Jean Journet à Bicêtre n'a été que de trois semaines. Aujourd'hui l'*Apôtre* est rendu à sa femme et à ses enfants.

Il existe un excellent portrait de Jean Journet, par M. Courbet (salon de 1851), et une fort curieuse notice de M. Champfleury, dans son livre des *Excentriques*.

ALEXANDRE DUMAS.

ALEXANDRE DUMAS.

Scudéry n'est pas mort. — Plus d'un ont ramassé,
Dans l'arsenal poudreux des romans du passé,
Sa plume enguirlandée avec sa Balisarde
Et coiffé les grands airs du seigneur de la Garde.
Au seuil du feuilleton campés en ce moment,
Sans cesse, — le plumet incliné fièrement, —
Ces hidalgos lettrés, dans les hautes gazettes,
Font un vacarme affreux de leur style à rosettes,
Et jettent sans façon aux lecteurs étonnés
Leur phébus à la tête — et leur manchette au nez.

Scudéry n'est pas mort. — Dans un hôtel, que garde
Un suisse véridique avec sa hallebarde,
Il r'habille de neuf les héros de Cyrus,
Mandane, Polexandre, Arbate, Darius.
Il leur fait déposer leur perruque rougie,
Et, bien débarbouillés de leur mythologie,
Selon le goût du jour, il les sert de nouveau
Dans un roman — de vingt ou trente in-octavo —
Où, comme au temps jadis, merveilles sans égales,
Les palais redorés regorgent d'astragales!

C'est toujours ce poëte amoureux du galon,
Noir par le bout des doigts et rouge du talon.
Pour suffire à sa vie en éclat dépensée
Il s'occupe sans trêve à traire sa pensée,
Et, brochant nuit et jour des ouvrages nouveaux,
Laisse bien loin Hercule et ses douze travaux.
Puis, lorsque c'est trop peu des livres à la rame,
Il s'en va demander le reste au mélodrame ;
Et, jetant sur le dogue une peau de lion,
Il lui fait en gros sous suer un million.

« Bienheureux Scudéry, dont la fertile plume
Peut sans peine en un mois enfanter un volume. »
— Ainsi parlait Boileau. — Qu'est-ce donc qu'il dirait,
Le cher homme, aujourd'hui? Comme il s'étonnerait
De voir en plein Paris les éditeurs-libraires
Pourchasser le troupeau des forçats littéraires
Et leur faire traîner, en dépit du haro,
Le boulet de la *suite au prochain numéro.*
Un chef-d'œuvre par jour! — Ah! pauvre vieux critique,
Dors bien dans le tombeau de ton volume unique!

Monsieur de Scudéry n'a plus cette douceur
De pouvoir emprunter la plume d'une sœur;
Mais, quoiqu'il en gémisse, on lui sait en revanche
Une collection de scribes, — plein sa manche;
Ce sont les grossoyeurs de besogne, qui font
Sur sa toile en papier, le ciel ou le plafond,
Posent les tapis neufs, et sèment avec grâce
Des fleurs sur le chemin du héros quand il passe;
Ou, devant un sofa, perruquiers de boudoir,
Peignent les blonds cheveux de l'amante au miroir.

Il a, grâce au faux goût où notre siècle vogue,
Cette gloire de strass qu'on appelle la vogue,
Et, bien mieux qu'autrefois, les Barbins empressés,
Ouvrent leur coffre-fort à ses bras retroussés.
Tant d'or mélodieux rend sourd à la critique! —
C'est si doux de jouer au géant poétique,
De se donner les airs d'un colosse, d'un roi,
De dire : Le théâtre et le roman, c'est moi!
Et de voir, à travers ses jambes écartées,
Passer de ses rivaux les flottes démâtées!

Monsieur de Scudéry promène maintenant
Du levant au couchant son faste impertinent.
Titres, broches de croix, maîtresses, équipages,
Tout abonde chez lui; — marquis, il a des pages.
Il fait par les faubourgs, gentilhomme arrogant,
Jaillir sa fantaisie en jet extravagant;
Corneille passerait à pied, en cape grise,
Poëte marguillier revenant de l'église,
Que, poussant son carrosse à travers le ruisseau,
Il éclabousserait le Romain en manteau.

Car c'est là son caprice exubérant, immense,
D'illuminer ainsi sa fougueuse existence,
De passer au milieu d'un vivat éclatant,
Comme un César, — ou comme un vendeur d'orviétan
Et quand il a fini d'improviser un livre,
De se jeter au sein de la foule et d'y vivre
Ardemment, les deux bras ouverts à tout plaisir,
De donner sans relâche à boire à son désir;
Sans craindre,—ayant laissé sa muse sur la porte,
De la trouver, un soir d'hiver, — glacée et morte.

Monsieur de Scudéry ne se contente pas
D'écrire des romans dont on fait un grand cas,
Mais il en joue encore avec quelque avantage,
Dont la ville et la cour s'amusent davantage.
C'est un bouffon charmant, d'esprit napolitain,
Fameux dans le tragi-comique, un Mezzetin,
Qui tient de ses héros l'amour de l'équipée,
La verve d'Italie et les grands coups d'épée,
Et qui, lorsqu'il se trouve à court de ducatons,
S'exploite galamment lui-même en feuilletons.

L'an dernier,—par exemple, — un matin qu'à sa vitre
Il parcourait de l'œil, chapitre par chapitre,
L'été qui flamboyait, l'été blond et vermeil,
— Radieux feuilleton signé par le soleil ! —
Comme Sterne, l'esprit rêvant à l'aventure,
Il se mit en campagne et partit en voiture.
Au retour, longuement, il nous raconta tout ;
Aimez-vous les brigands ? Il en fourrait partout.
Heureux homme ! — Ce fut un merveilleux voyage :
Il vit Chatellerault, Pampelune et le Tage.

Ah ! monseigneur l'auteur d'*Alaric*, — écoutez :
Votre génie est grand ; et, par bien des côtés,
Même sous le boisseau grossier qui le recèle,
Votre cœur encor chaud garde quelque étincelle.
Au fond de ces feuillets dispersés, qu'aux bourgeois
Vous jetez chaque jour — on ramasse parfois
Une noble pensée, une image splendide !
Mais ce louis d'or tombé vous laisse plus sordide.
Et moi qui, si puissant autrefois vous rêvais,
Je vous le dis, Monsieur, c'est un métier mauvais.

Il faut qu'on vous ait peint sans doute le poëte
Comme l'homme du bruit, du luxe, de la fête,
Le convive obligé de l'orgie et du bal,
Comme un masque pour qui c'est toujours carnaval.
— C'est cela, n'est-ce pas ? — On vous aura fait croire
Que c'était bon à lui de jouer et de boire ;
Et l'on vous aura dit, alors que vous aviez
Les coudes sur la table, un soir que vous rêviez :
— Ecris, écris, enfant ! afin de pouvoir prendre
Un jour ta large part des voluptés à vendre !

Cette part, vous l'avez prise. Soyez content.
Mais ne demandez pas le respect éclatant.
La jeunesse qui vient et s'éclaire en silence
Ne vous a jamais dû rien — que son indigence.
Il se peut qu'elle soit (vous le dites tout bas)
Impuissante, peut-être, — imbécile, non pas !
Elle vous voit finir, vous qui la voyez poindre ;
Elle sait que demain votre nom va rejoindre
Ces autres vieux grands noms : — Hélas ! qu'en reste-t-il
Arnaud de Baculard et Ducray-Duminil.

Non, la muse n'est pas ce que vous l'avez faite ;
J'en réponds. Dans le fond c'est une fille honnête.
Quitte, ma pauvre enfant, tes falbalas souillés,
Princesse de la rue en escarpins mouillés ;
Ne fais pas plus longtemps métier de courtisane,
C'est un métier honteux où toute âme se fane ;
Et, pour un peu d'argent dans le creux de ta main,
Un ruban dont le ciel déjeunera demain,
Des gazes, un collier, moins encore, — que sais-je ?
Ne livre pas à tous tes deux beaux seins de neige !

Muse, défais et jette encore ces linons ;
Redeviens simplement belle fille en jupons !
Sauve-toi, les pieds nus. Je sais plus d'un poëte
Qui baisera tes pieds et qui te fera fête.
Le grenier logera tes éternels vingt ans ;
Tant mieux ! Et si plus tard, un matin de printemps,
Celui qui t'a jadis tant frappée et battue,
A ta fenêtre en fleurs t'aperçoit de la rue
Et cherche à t'appeler, après t'avoir souri,
Tu diras : — Grand merci, monsieur de Scudéry !

CHATEAUBRIAND.

CHATEAUBRIAND.

Depuis longtemps, nous désirions parler de M. de Chateaubriand, un de ces grands cœurs qui rehaussent les lettres et font que le plus humble d'entre les écrivains en marche plus fermement dans l'orgueil de sa profession. Pendant ces dix-huit ans de monarchie constitutionnelle, la littérature a été tellement compromise par une nuée d'étourdis ; on en a tellement fait une chose de bavardage et de négoce ; on s'est tellement moqué, en le volant, du lecteur du dix-neuvième siècle, que nous avions besoin de remercier celui des littérateurs qui est constamment resté le plus digne, sans cesser d'être le plus renommé

Il n'y avait plus que lui dans le siècle ; il était l'honnête homme, il était le grand homme. Son nom remplissait la littérature et l'inondait d'une lumière d'or. Un jour de République il s'en est allé, doux et triste, la main dans la main de ceux qui l'ont aimé. On a porté son corps en Bretagne, selon son dernier vœu, et tout a été dit. — Passez maintenant devant cette maison silencieuse de la rue du Bac, qui porte le n° 112 ; on vous montrera la chambre de Chateaubriand, la table de Chateaubriand, le lit où il est mort.

Aujourd'hui, si nous allons essayer de rappeler quelques traits de cette figure vaste et mélancolique, si nous redescendons pas à pas dans son œuvre c'est donc moins pour remplir un devoir de critique que pour adresser un dernier hommage à celui qui fut pendant si longtemps la plus brillante expression de la France littéraire,—le dernier gentilhomme peut-être, le plus grand chrétien à coup sûr.

Chateaubriand appartient à cette famille de penseurs-colosses, devant lesquels on s'arrête deux fois avant d'entreprendre d'en faire le tour. L'ensemble de leurs travaux inspire un respect qu'ordonneraient au besoin leur caractère et l'estime radieuse qu'on leur a vouée. C'est depuis le Consulat que dure la gloire de l'auteur du *Génie du Christianisme ;* et, en France, si les succès d'une heure ont rarement raison, les succès d'un demi-siècle n'ont jamais tort. Qui a été grand homme pendant cinquante ans est assuré de l'être toujours.

Ce qui nous frappe le plus dans l'œuvre de Chateaubriand, c'est Chateaubriand. L'histoire d'une pensée est parfois aussi remplie d'enseignements que cette pensée elle-même. L'auteur est le premier de ses livres, — ou du moins celui qui donne la clef de tous les autres. Or, qu'on nous dise une plus belle histoire que celle de ce poëte, de ce militaire, de ce voyageur, de ce ministre, de cet ambassadeur, de ce pair de France. Pas un rivage qu'il n'ait connu, pas une gloire qu'il n'ait goûtée, pas une misère qu'il n'ait soufferte.

Nous ne nous cachons pas la témérité et l'importance des lignes que nous allons tracer (1). Par la place rayonnante qu'il occupe dans le siècle, Chateaubriand méritait peut-être qu'une plume mieux connue écrivît sa gloire et son génie. Nous n'appartenons pas à la génération qui l'a vu vivre : nous appartenons à celle qui l'a vu mourir ; mais nous appartiendrons surtout à celle qui le verra se survivre. Où donc serait le mal quand on demanderait quelquefois à la jeunesse son opinion sur les hommes et les choses du temps ? Il est bon de s'inquiéter de ce que pensent du présent ceux qui seront l'avenir.

Un matin de juillet dernier, deux voitures noires gagnaient tristement les côtes de Bretagne. Dans l'une d'elles, il y avait le corps du grand auteur. Dans l'autre, il y avait un curé, un exécuteur testamentaire, et François, le valet de chambre. Ces deux voitures arrivèrent ainsi à une petite ville voisine d'Avranches. Pendant qu'elles stationnaient sur la route en attendant des chevaux, une dame d'un certain âge, tenant un modeste bouquet enveloppé dans du papier, s'approcha avec crainte. Elle déposa son présent sur la banquette

(1) Cette étude a été publiée dans le journal la *Presse*, en guise d'introduction aux *Mémoires d'Outre-Tombe*.

intérieure en disant à voix basse : — *C'est pour M. de Chateaubriand ; c'est tout ce que j'ai pu me procurer.*

Nous faisons comme la vieille dame. Voici notre bouquet.

I.

Chateaubriand entra dans la vie par la grande porte des forêts. Enfant de cette sombre Bretagne qui ne produit que des hommes-chênes ou des conscrits nostalgiques, il en garda toujours le double caractère de force et de mélancolie. Les fées aux harpes d'or, qui veillent dans ces antiques feuillages, descendirent sur son berceau pour lui nouer au front la verveine sacrée. On l'éleva dans un château noir d'où il entendait chanter la mer, — la mer, sa première et sa dernière passion !

Mais sa jeunesse fut triste comme un poëme d'Ossian. Ne jetez pas vos enfants dans les bois. La nature *toute seule* est un maître dangereux, qui fera d'eux des sauvages si elle n'en fait des poëtes, des monstres si elle n'en fait des génies. Il vaut mieux d'abord se heurter contre la société que de se blesser aux troncs des arbres. Le mal qui vient des hommes se guérit plus facilement que celui qui vient de Dieu.

Alors, comme le *Tambour Legrand*, de Henri Heine, Chateaubriand avait des larmes *qu'il ne pouvait pas pleurer*. Au château de Combourg, on ne connaissait ni les tendresses de la famille, ni les sourires du foyer ;

jamais il ne sentit deux bras jetés autour de son cou. Sa mère le poussait à l'église, son père ne le poussait à rien. Hésitant et délaissé, il se contentait de rimer de mauvais vers; lorsque, du fond de sa jeunesse, farouche comme celle de Rousseau, s'éleva ce mystérieux amour qui nous valut plus tard un chef-d'œuvre de douleur.

Ah ! le premier amour des poëtes, c'est là qu'il faut chercher le secret de leur vie! Énergie ou faiblesse, leur douceur ou leur cruauté, leur abaissement ou leur gloire, penser que tout cela tient en germe dans un coin du cœur de la première femme rencontrée ! C'est Manon qui nous dit les désordres et les folles larmes de l'abbé Prévost ; c'est Pimpette dont les baisers feront les éclats de rire de Voltaire ; Frédérique délaissée explique le *Faust* de Goëthe, et le pâle sourire de Lucile ajoute une page à *René*.

Cette histoire qui ne ressemble à rien, pleine d'audace ténébreuse, cette grande tragédie en cinq ou six feuillets, où des filets de sang se sont mêlés sans doute à l'encre qui les a écrits, ce petit roman fataliste contient Chateaubriand tout entier. A d'autres les amours faits de sourires et d'aventures, le sonnet soupiré aux pieds de la femme qui a des perles au poignet, dans un boudoir odorant. En Bretagne, du côté de la mer, sous les arbres remplis d'une plainte éternelle, cela se passe autrement. L'amour est fait d'une plus funeste essence. Il est rare qu'on en guérisse; Chateaubriand n'en a pas guéri.

Pauvre gentilhomme breton ! enfant des solitudes mauvaises ! Un jour, en te rappelant ta jeunesse désolée, tu devais écrire cet involontaire aveu : « Nous sommes persuadés que les grands écrivains ont mis leur histoire dans leurs ouvrages. *On ne peint bien que son propre cœur, en l'attribuant à un autre ;* et la meilleure partie du génie se compose de souvenirs. »

Elle s'appelait Lucile. Ce nom, il ne l'a jamais dit, il ne l'a jamais tracé. C'était moins une jeune fille qu'une ombre de jeune fille, glissant à peine sur terre et prête à se dissoudre en ondoyante vapeur comme ces figures que les peintres montrent vaguement dans le lointain des forêts enchantées. Pour je ne sais quel motif, expliqué par la science médicale, un collier d'acier comprimait les ondulations de son cou flexible et long comme celui d'un cygne. Cette étrange enfant était consumée par une sensibilité nerveuse développée à l'excès ; et l'on eût dit, à la voir frêle, gracieuse et blanche, une de ces vierges nées d'une larme, qui se trouvent au fond de quelques poëmes mystiques. Tous deux, le frère et la sœur, se promenaient souvent dans les landes, ou bien, assis sur la chaussée de l'étang, ils laissaient venir à eux la nuit étoilée, avec ses rumeurs confuses et ses chauds parfums qui gagnent imperceptiblement le cœur et finissent par le submerger.

Pourquoi voulait-il se tuer ? — Un jour, le fusil sous le bras, il descendit plus lentement que de coutume le perron du château ; il se dirigea vers les bois ; parvenu à l'extrémité du grand mail, il se retourna pour regarder par-dessus les arbres une petite tourelle ; — il disparut...

Et lui aussi, *René*, avait rêvé le suicide ; mais, entre la tombe et lui, une voix s'était élevée : « Ingrat, tu veux mourir, et ta sœur existe ! Tu soupçonnes son cœur ! Ne t'explique point, ne t'excuse point, je sais tout ; j'ai tout compris, comme si j'avais été avec toi. Est-ce moi que l'on trompe, moi qui ai vu naître tes premiers sentiments ? Voilà ton malheureux caractère, tes dégoûts, tes injustices ! Jure, tandis que je te presse sur mon cœur, jure que c'est la dernière fois que tu te livreras à tes folies ; fais le serment de ne jamais attenter à tes jours ! »

Chateaubriand tint le serment de *René*. Quelques heures après, calme en apparence, il rentrait au manoir de Combourg. Ce qui s'était passé dans son âme, Dieu seul le sait. Tous les hommes forts comptent un jour semblable à l'entrée de leur vie, un jour où ils se demandent s'il est nécessaire d'aller plus loin et s'il ne vaudrait pas mieux briser sa pensée que de se laisser briser par elle ; si la mort innocente n'est pas préférable à la vie coupable, et lequel est le moins désespérant du jeune suicide de Chatterton ou du vieux suicide de Jean-Jacques ? Ceux qui sortent de cette épreuve, ce sont les ambitieux et les chrétiens. Prêt à se noyer, celui-là regarde l'eau avec un sourire et rebrousse chemin ; c'est Napoléon. Celui-ci détourne le canon de son fusil, avec une larme ; c'est Chateaubriand.

J'ai dit qu'on voulait faire de lui un prêtre. Au collége où il fut envoyé à cette intention, on lui donna la chambre et la couchette de Parny. Dans cette chambre et sur cet oreiller, tiède de rimes libertines, Chateaubriand essaya vainement de devenir prêtre. Il ne trouva pas un froc à sa taille. Malgré lui, il se vit obligé de « rapetisser sa vie pour la mettre au niveau de la so-
» ciété, » et comme dans ce temps-là il fallait absolu-

ment être quelque chose en attendant de devenir quelqu'un, il endossa le premier uniforme venu qui lui tomba sous la main.

Aussi bien, j'aime mieux voix Chateaubriand entrer dans son siècle avec une épée qu'avec une soutane. Partie d'un soldat et d'un gentilhomme, la restauration religieuse qu'il doit fonder un jour en sera plus importante et mieux assise. Il y a du sang de croisé dans ses veines ; c'est Tancrède revenu pour replanter une seconde fois la croix sur le tombeau de Dieu le fils.

Qu'on se figure un jeune homme de petite taille, fort maigre, aux épaules un peu élevées, *ainsi que dans toutes les grandes races militaires*, selon une de ses expressions. Sa tournure est inquiète, presque timide. Il penche habituellement la tête ; mais c'est une tête sculptée avec largeur comme la plupart des têtes bretonnes, épais cheveux, épais sourcils, regard habité par la pensée. Si c'est particulièrement au front, blason vivant, que se reconnaissent les gentilshommes de l'intelligence, le chevalier de Chateaubriand porte sur le sien sa noblesse inscrite en lignes splendides. Pâle comme Bonaparte, de cette pâleur qui n'a rien à démêler avec la maladie, il y a sous l'accent profond de ses traits une teinte de mélancolie hautaine qui ne le quittera plus. Le nez est long, insensiblement courbé et pincé vers son extrémité inférieure. La bouche est petite, avec des lèvres minces qu'on sent aussi avares de paroles que le reste de la physionomie semble riche de pensées. En résumé, c'est une tête d'un beau style, pleine de noblesse et d'observation. Ce grand air d'aristocratie qui prédomine et doit plus tard se refléter dans ses œuvres ne peut évidemment appartenir qu'à un écrivain de la famille galonnée des Montesquieu et des Buffon.

Il avait alors vingt ans. Quand il entra dans Paris, le fameux dix-huitième siècle, gorgé de folies et de crimes, allait rendre le peu qu'il avait d'âme. Chateaubriand assista aux derniers débattements du monstre sur le sable doré de la cour.

On allait chaudement en besogne de vice. Sentant que la mort la tirait par la jambe, la noblesse se dépêchait à boire la joie et le luxe à double tasse. Chaque jour amenait son extravagance nouvelle. Grimod de la Reynière donnait ses soupers homériques dans une salle tendue de noir et tapissée de larmes d'argent. Le comte d'Artois essayait sa célèbre culotte de peau, si collante qu'il lui fallait pour y entrer le secours de trois hommes, le tenant en l'air. Le marquis de Sade, courant les rues le soir, cherchait des femmes à disséquer vivantes. On huait les derniers abbés au théâtre et les dernières comédiennes à l'église. A leur tour, en s'en revenant de jouer à la longue paume, à la demi-lune du boulevart Saint-Antoine, les *farauds* et les *catogans*, bravant le guet à cheval, commençaient à casser les réverbères fleurdelisés.

Notre jeune et fier Breton passa brutalement à travers les toiles galantes des araignées de l'Opéra, sans y laisser ailes ni pattes. Tout le monde se rangea devant son amour ignoré; et par-dessus les haies fleuries de Trianon il put regarder, sans danger pour son cœur, les fêtes nocturnes de la reine autrichienne. On l'invita une fois à monter dans les carrosses de Sa Majesté, pour suivre la chasse. Peut-être fut-ce ce jour-là qu'il

9.

vit Louis XVI laisser tomber en riant un pavé sur le ventre d'un de ses gardes endormis.

Toute la société de ce temps, qui avait encore la tête sur les épaules, défila devant ses yeux : les héros, les scélérats, les laquais, les bourgeois, tous les guillotinés de l'avenir. Il dîna avec Mirabeau, il trinqua avec Mirabeau. Et en revanche Mirabeau, le regardant en face, lui mit sa large main sur l'épaule. Le petit lieutenant faillit en être disloqué : « Je crus sentir la griffe de Satan, » dit-il. Mirabeau à table, bruyant, verveux, déchirant ses dentelles, valait presque Mirabeau à la tribune. Il buvait comme Bassompierre, il riait comme Borée. Chateaubriand ne le quittait pas du regard, et déjà sans doute se gravaient dans sa mémoire les lignes vigoureuses avec lesquelles il devait tracer le portrait de ce *grand homme et de ce grand coquin,* comme disait M. de Condé :

« Mêlé par les désordres et les hasards de sa vie aux plus grands événements et à l'existence des repris de justice, des ravisseurs et des aventuriers, Mirabeau, tribun de l'aristocratie, député de la démocratie, avait du Gracchus et du Don Juan, du Catilina et du Guzman d'Alfarache, du cardinal de Richelieu et du cardinal de Retz, du roué de la régence et du sauvage de la révolution ; il avait de plus du Mirabeau... Sa laideur, appliquée sur le fond de beauté particulière à sa race, produisait une sorte de puissante figure du *Jugement dernier* de Michel-Ange. Les sillons creusés par la petite vérole sur son visage avaient plutôt l'air d'escarres laissées par la flamme. La nature semblait avoir moulé sa tête pour l'empire ou pour le gibet, taillé ses bras pour étreindre une nation ou pour enlever une femme. Quand il secouait sa crinière en regardant le peuple, il l'arrêtait ; quand il levait sa patte et montrait ses ongles, la plèbe courait furieuse. Au milieu de l'effroyable désordre d'une séance, je l'ai vu à la tribune, sombre, laid et immobile : il rappelait le Chaos de Milton, impassible et sans forme au centre de la confusion. »

Ce portrait, qui tient plutôt du buste que du tableau, du marbre plutôt que de la toile, est une des belles choses de Chateaubriand. Il donne une magnifique idée de sa manière et de son style (1).

Mais ce qu'il avait désir de voir, c'étaient principalement les cercles du beau langage, les salons à la mode, l'Académie et ses succursales. N'avait-il pas dans une

(1) Dans son livre de *Philosophie et littérature*, M. Victor Hugo a, lui aussi, esquissé cette grande figure de Mirabeau. Il est peut-être curieux de comparer le choc de ces deux pensées sur le même homme, l'étincelle de ce fer rouge sous ces deux marteaux. Voici le texte de M. Victor Hugo :

« Tout en lui (Mirabeau) était puissant. Son geste brusque et saccadé était plein d'empire. A la tribune, il avait un colossal mouvement d'épaules, comme l'éléphant qui porte sa tour armée en guerre. Lui il portait sa pensée. Sa voix, lors même qu'il ne jetait qu'un mot de son banc, avait un accent formidable et révolutionnaire qu'on démêlait dans l'Assemblée comme le rugissement du lion dans la ménagerie. Sa chevelure, quand il secouait la tête, avait quelque chose d'une crinière. Son sourcil remuait tout, comme celui de Jupiter, *cuncta supercilio moventis*. Ses mains quelquefois semblaient pétrir le marbre de la tribune. Tout son visage, toute son attitude, toute sa personne était bouffie d'un orgueil pléthorique qui avait sa grandeur. Sa tête avait une laideur grandiose et fulgurante dont l'effet par moment était électrique et terrible. Le génie de la révolution s'était forgé une égide avec toutes les doctrines amalgamées de Voltaire, d'Helvétius, de Diderot, de Bayle, de Montesquieu, de Hobbes, de Locke et de Rousseau, et avait mis la tête de Mirabeau au milieu. »

des basques de son uniforme deux à trois milliers de rimes, oiseaux jaseurs et brillants qui n'aspiraient rien tant qu'aux délices de la volière?

Compactement rangés, entre les acteurs et les spectateurs, comme des musiciens dans un théâtre, les littérateurs continuaient à jouer *rinforzando* l'ouverture de la Révolution française, commencée depuis cinquante ans environ. La toile allait lever. A la place du chef d'orchestre il y avait Beaumarchais, l'héritier direct de Voltaire et qui, pour la société d'alors, valut *une peste* comme Chateaubriand valut plus tard *une armée* pour la Restauration. Groupés autour de lui, musiciens du diable, Fréron, Mercier, Rivarol, Laclos et les autres s'évertuaient à déchiffrer la partition sublime, l'œil fixé sur le maître qui battait la mesure.

Chateaubriand ne vit pas apparemment le côté grave de tout cela. Ce n'éta-t qu'un jeune homme. Au moment où le siècle craquait et chancelait comme le Panthéon de Soufflot, il se faufilait entre deux paravents, sur la pointe du pied, dans la compagnie des infiniment petits de la littérature. « On *parla de moi* chez Lebrun et chez Flins des Oliviers. »

A la fin, pourtant, il commença par comprendre combien était puérile et misérable cette préoccupation de tous les instants Il y renonça. Ainsi dit *René* : « J'avais voulu me jeter dans un monde qui ne me disait rien et qui ne m'entendait pas : ce n'était ni un langage élevé ni un sentiment profond qu'on demandait de moi. Traité partout d'esprit romanesque, *honteux du rôle que je jouais*, dégoûté de plus en plus des choses et des hommes, je pris le parti de me retirer dans un faubourg pour y vivre totalement ignoré. Je trouvai du plaisir dans cette vie obscure et indépendante. Inconnu, je me mêlais à la foule, vaste désert d'hommes ! »

Mais, sur ces entrefaites, la Révolution marchait. Elle vint droit à lui. Il en eut peur, et il recula. Son heure d'action n'était pas sonnée. Trop dédaigneux peut-être, il regarda se traîner *dans les ruisseaux de Paris* les vainqueurs de la Bastille, et détourna la tête de l'œuvre de fer qui s'apprêtait. La noblesse tout entière émigrait à Coblentz. Chateaubriand émigra au Nouveau-Monde. Avant de connaître les hommes, il voulut connaître l'homme.

Toutefois il ne partit pas sans dire à revoir. La Harpe, qui était le concierge de la littérature du dix-huitième siècle, lui présenta le *Mercure* pour qu'il y inscrivît son nom, comme c'était l'usage. Chateaubriand y mit je ne sais quels vers sur l'*Amour de la campagne*, une sorte d'idylle — au nez de laquelle il a dû bien rire plus tard, et où l'on remarque ce distique :

<blockquote>
Au séjour des grandeurs mon nom mourra sans gloire,
Mais il vivra longtemps sous les toits de roseaux.
</blockquote>

C'était le contraire qu'il fallait dire. M. de Chateaubriand a été meilleur prophète sur la fin de ses jours.

II.

« Voici le plaqueminier; sous le plaqueminier il y a un gazon ; sous ce gazon repose une femme. Moi, qui pleure sous le plaqueminier, je m'appelle Celuta ; je suis fille de la femme qui repose sous le gazon, elle était ma mère.

» Ma mère me dit en mourant : Travaille, sois fidèle à ton époux quand tu l'auras trouvé. S'il est heureux sois humble et timide ; n'approche de lui que quand il te dira : Viens, mes lèvres veulent parler aux tiennes.

» S'il est infortuné, sois prodigue de tes caresses ; que ton âme environne la sienne, que ta chair soit insensible aux vents et aux douleurs. Moi qui m'appelle Celuta je pleure maintenant sous le plaqueminier ; je suis la fille de la femme qui repose sous le gazon. »

Ainsi chante une jeune fille couronnée de fleurs de magnolia et vêtue d'une robe blanche d'écorce de mûrier. Assise au milieu des Indiens, sur l'herbe semée de verveine empourprée et de ruelles d'or, René l'écoute et la regarde d'un air attendri.

Le voilà bien loin du pays breton. Cette soif de solitude qui le tourmente comme tous les génies austères il peut l'assouvir maintenant. Entre Dieu et lui la civilisation ne tend plus ses voiles. Son cœur souffre toujours, mais sa pensée grandit et se dégage. Laissez faire : peu à peu le soleil du désert dissipera sur son front l'ombre des bois de Combourg.

Il est probable que sans le voyage en Amérique Chateaubriand n'eût jamais été qu'un timide élève de La Harpe et de l'atroce Ginguené, — un poëte de salon tenu perpétuellement en bride par les guirlandes artificielles de la coterie académique. Tout au plus se fût-il élevé un jour à la bien innocente réputation d'Esménard ou de l'auteur du *Printemps d'un Proscrit*.

Au contraire, Chateaubriand, jeté en plein Nouveau-Monde, chair blanche au milieu des chairs peintes, Chateaubriand égaré sous la lune de feu, mangeant des *tripes de roche* et respirant l'odeur d'ambre qu'exhalent les crocodiles dans les glaïeuls; le jeune officier du régiment de Navarre chassant le castor avec le sachem des Onondagas, après avoir couru le cerf avec Louis XVI; le rimeur de l'*Almanach des Muses* enfin, chez les Iroquois, devait se transformer invinciblement, et, parti avec l'idylle sur l'*Amour de la campagne*, revenir avec le *Génie du Christianisme*.

Le voyage en Amérique fut toute une révélation pour lui. Ses convictions classiques, entaillées à la racine, ne devaient jamais bien se remettre; et le *Cours de Littérature* commença à s'évanouir à ses regards dans la poussière humide du Niagara. Qu'on s'imagine, en effet, l'étonnement d'un littérateur du dix-huitième siècle à l'aspect de cette nature géante, vivace, inconnue, gracieusement terrible; et quel puissant soufflet Dieu ne donnait-il pas devant lui au jardinier Le Nôtre! Tombé au milieu des hérons bleus, des flamants roses, des piverts rouges, Chateaubriand dut sourire en songeant à ce vieil oiseau français — *Philomèle*, — sur lequel nous vivons uniquement depuis l'ère mythologique. Le souvenir encore plein des héros de Racine et de Voltaire, n'ayant vu de sauvages que dans la tragédie d'*Alzire*, est-ce qu'il ne recula pas à la vue du premier Siminole qui se dressa devant lui, la perle pendante au nez, les oreilles en découpures, et portant un hibou empaillé sur la tête?.....

Le mal est peut-être qu'il n'y demeura pas assez

longtemps pour l'anéantissement complet de sa rhétorique. Deux ans de plus, et Chateaubriand eût tout
fait noyé ses vieilles formules dans l'Ohio. Son passag[e]
trop rapide à travers la campagne ardente a produ[it]
un style mixte, où le sauvage et le gentilhomme app[a]
raissent à intervalles égaux.

Pourquoi partit-il si brusquement? quel souci lui [fit]
déserter l'ajoupa et renoncer aux splendeurs des nui[ts]
américaines? On l'ignore, et lui-même sans doute l'ignorait aussi. Il y avait alors dans l'air un tourbillo[n]
brûlant qui dispersait aux quatre coins du monde l[a]
plupart des hommes de ce siècle : l'abbé Maury à Rom[e,]
Louis-Philippe à Elseneur, M. de Jouy à la cour d[e]
Tippoo-Saëb et Chateaubriand partout. Peut-être entendit-il, comme René, une voix qui lui disait : « Qu[e]
faites-vous seul au fond des forêts, où vous consume[z]
vos jours, négligeant tous vos devoirs? Des saints, direz-vous, se sont ensevelis dans les déserts ! Ils y étaie[nt]
avec leurs larmes et employaient à éteindre leur[s]
passions le temps que vous perdez peut-être à allume[r]
les vôtres. Quiconque a reçu des forces doit les consacrer au service de ses semblables. » Chateaubrian[d]
écouta cette voix et repassa les mers.

Il a dit plus tard que son but était de rejoindre l'armée de Condé. Cela est possible. Mais à peine en France
— alors que la révolution fait de Paris un vaste centr[e]
de décomposition sociale, alors que les clubs discutent[,]
que le peuple tonne, que Mirabeau expire; pendan[t]
que la Monarchie se sauve par une porte dérobée e[t]
que la République la ramène par l'oreille ; lorsque San[s]
son se pavane le matin sur son trône de Grève et v[a]

le soir, les mains lavées, au théâtre du Vaudeville; à l'heure où tout frémit, où tout pâlit, où tout se glace, — Chateaubriand, lui, s'en va tranquillement trouver une jeune fille qu'il a deux ou trois fois entrevue; il lui parle, elle lui sourit; il lui offre de l'épouser et il l'épouse. René se marie.

Puis une fois marié, — alors il émigra.

C'est de ce moment que date sa véritable misère et son noviciat d'homme. Jusqu'à présent, ce n'a guère été qu'un poétique, élégant et douloureux rêveur; aujourd'hui le voilà qui saute à pieds joints dans la vie prosaïque et affamée, qui souffre du corps, qui est jeté dans un fossé comme un chien, qui n'a pas le sou, qui est mis à la porte par les filles d'auberge, couvert de plaies, souillé de fange, contagié et la cuisse entortillée de paille, ainsi que les gueux des plus impitoyables *eaux-fortes*.—Mourant, il se traîne sur les mains; on le pose dans un fourgon, la moitié du corps pendant en dehors; on l'embarque à fond de cale et on le rejette de nouveau à terre. Quelqu'un passant par hasard — un bon Samaritain de Guernesey, — lui tourne le visage vers le soleil et l'adosse contre un mur. Puis il s'éloigne.

Mais le génie a la vie dure. Quelques mois plus tard, M. de Chateaubriand était à Londres. Retiré dans un faubourg au fond d'une maison vieille, devant une table branlante, il commençait l'*Essai sur les Révolutions*, et traduisait de l'anglais, aux gages d'un libraire. Pendant huit ans, il *mangea du grenier*, pour parler le langage des artistes. Son habit était râpé; il ne sortait que le soir. Dans ses marches mélancoliques, on le voyait traverser le village de Harrow, à l'époque où une tête d'enfant vive et bouclée, — celle de lord Byron, — se montrait souvent aux fenêtres de l'école.

J'aime cette misère de Chateaubriand et jusqu'à ce pauvre habit nocturne que j'eusse voulu lui voir conserver toujours, comme fit certain visir des Contes, jadis gardeur de troupeaux. M. M*** lui avait dit un jour : — Il n'y a qu'une infortune réelle, celle de manquer de pain. Et souvent l'auteur de *René* eut l'occasion de se trouver réellement malheureux. Il parle en maint endroit du droguiste et du marchand de poignards qui demeuraient à sa porte. Mais ce ne sont que des déboires passagers, après lesquels, résigné et rêvant, nous le retrouvons par les rues de Londres, allant au hasard, les yeux dans les étoiles, ou bien occupé

> Devant quelque palais, regorgeant de richesses,
> A regarder entrer et sortir les duchesses.

« Quant à la haute société anglaise, chétif exilé, je n'en apercevais que les dehors. Lors des réceptions à la cour ou chez la princesse de Galles, passaient des ladies assises de côté dans des chaises à porteurs ; leurs grands paniers sortaient par la porte de la chaise, comme des devants d'autel ; elles ressemblaient elles-mêmes, sur ces autels de leurs ceintures, à des madones ou à des pagodes. Ces belles dames étaient les filles dont le duc de Guines et le duc de Lauzun avaient adoré les mères : et ces filles étaient, en 1822, les mères et les grand'mères des petites-filles qui dansaient chez moi en robes courtes au son du galoubet de Collinet. »

L'Essai terminé, il le vendit à un brave éditeur de Gerrard-Street. C'est un ouvrage sans tête ni queue.

triste, fou, anglais enfin, où le style vagabonde en compagnie de la pensée. On y trouve des pages éclatantes et des absurdités énormes, un parallèle entre Alexandre et Pichegru, — des fragments d'un poëme sanscrit, — la négation de l'authenticité du Nouveau-Testament ; et, par-dessus le marché, une fable de Mancini-Nivernois, intitulée *Le Papillon et l'Amour*. Tout cela eut beaucoup de succès en Angleterre.

Plus tard, c'est-à-dire trente ans après, Chateaubriand s'est prononcé lui-même sur cette production avec une brutalité sans exemple. Les notes qu'il y a ajoutées dans l'édition de ses œuvres complètes concourent à faire de ce livre un des monuments les plus singuliers de la littérature. « Je ne saurais trop souffrir pour avoir écrit l'*Essai*, » dit-il en commençant ; ce ne sont qu'*idiotismes* et *sottes impiétés ;* une *rage*, une *impertinence*. « Qu'est-ce que je veux dire? En vérité, je n'en sais rien ; je me crois sans doute profond ! Comme j'arrangeais la langue ! quel barbare ! » Tantôt, c'est une approbation ironique : « Pas trop mal pour un petit philosophe en jaquette, » et mille autres épithètes gracieuses, qui font qu'on se sent ému de pitié malgré soi et prêt à demander grâce pour lui-même à M. de Chateaubriand. Mais, la discipline à la main, l'auteur de l'*Essai* se retourne et vous répond comme cette femme dans Molière : — Eh ! si c'est mon plaisir, à moi, d'être battu ?

Chateaubriand vécut sur l'*Essai* jusqu'au commencement du dix-neuvième siècle, époque à laquelle il rentra en France clandestinement et sous un faux nom, — comme s'il se fût agi de passer son génie en contrebande.

III.

« Encore des romans en A ! J'ai vraiment bien le temps de lire toutes vos niaiseries ! » s'était écrié le premier consul, un jour que sa sœur, madame Bacchiochi, était venue le trouver, un petit volume à la main. Ce petit volume était l'*Atala* de Chateaubriand.

Dire la clameur assourdissante qui se fit autour de ce livre, c'est difficile. Son auteur marcha dans la gloire, et fut reçu dans tous les salons. On le traduisit à son tour, lui qui avait tant traduit ; de son œuvre on fit des tableaux, des parodies, des caricatures, des éloges, des épigrammes. L'Europe entière en fut remuée. Voyageant plus tard en Turquie, à la porte d'une mosquée où il avait décliné son nom, Chateaubriand vit accourir vers lui, les bras ouverts, un musulman qui l'accueillit par cette exclamation : *Ah ! ma chère René et mon cher Atala !* — Ce n'était pas correct, mais c'était flatteur.

Atala est resté au fond de notre jeunesse comme un souvenir charmant, mêlé aux choses les plus intimes du catholicisme et de l'amour, comme un lointain bruissement d'orgue. La génération actuelle l'a lu au sortir de sa première communion, sur le coin d'un *forte-piano,* alors que tout Paris allait admirer les tableaux de Gérard, après une revue passée par le général Molitor. Aujourd'hui, en tout temps, sous tous les points de vue, *Atala* demeure une fantaisie délicieuse, un roman-curiosité, plein de chatoiements bizarres, et qui, pour la fidélité locale du style, sinon pour l'attendrissement profond du sujet, laisse en arrière *Paul et Virginie*. Tel chapitre est colorié, criard et gracieux comme un plumage d'ara. C'est le premier roman travaillé de forme ; car Chateaubriand est le premier qui ait fait de sa plume un outil et de sa phrase une matière solide.

Mais ce n'était rien qu'un frivole prélude au *Génie du Christianisme,* un petit cantique avant une grande messe. Dépouillé maintenant de ses idées de philosophe, Chateaubriand aspirait de toutes ses forces vives à l'initiative d'une réaction religieuse. On ne pouvait mieux choisir le moment. La France, abrutie de vin sous le Directoire, abrutie de sang sous la Terreur, hier furie, aujourd'hui bacchante, lasse des boucheries de la place de la Révolution, s'anéantissait tout entière dans les orgies du Palais-Royal. Après avoir mangé la salade d'anchois dans le saint ciboire, elle allait chez le traiteur Méot s'enivrer d'un vin dont il n'eût pas donné une bouteille pour tous les assignats de la terre. Puis elle s'attardait avec les nymphes empanachées du Perron. Ainsi Bonaparte l'avait-il rencontrée, ainsi Chateaubriand l'avait-il surprise. Un soir, tous les deux la prirent, chacun par un bras, et la remirent dans son chemin honnête. Le lendemain, quand elle fut réveillée, l'un lui fit signer le Concordat, l'autre lui mit sur les genoux le *Génie du Christianisme.*

Imaginez un vase de myrrhe renversé sur les marches d'un autel sanglant, et vous aurez l'impression produite par l'apparition de ce livre saint. Des larmes de joie en vinrent aux yeux de toutes les mères. Peu s'en fallut qu'on ne décorât le devant des maisons et qu'on ne jetât des fleurs sur le pavé des rues, comme pour l'entrée à Jérusalem. Quel est donc ce jeune homme, se demandait-on, qui ramène pieusement le Dieu de ses pères dans un pan de son manteau?

La France aime Dieu ; on ne peut lui ôter cela. Famille et religion, vous êtes invincibles, car vous êtes les deux sources d'honnêteté et d'amour ; en vous est la poésie, grande et petite ; vous ne serez pas supprimées par les fous. Rêves frémissants de jeunesse, flammes mystiques mal éteintes, tendresse grave et haute des parents, branche de buis accrochée au foyer domestique, pleurs silencieux qui tombez journellement sur les tombes, vous êtes plus forts que tous les philosophes!

J'ai relu hier le *Génie du Christianisme ;* c'est encore le livre de notre époque, — le livre d'un lendemain de révolution. Il a des baumes pour toutes les plaies, des consolations pour toutes les souffrances. Livre unique! il prouve et il émeut, il raisonne et il chante ; c'est l'enthousiasme du prophète dans la logique de l'historien. Depuis l'*Imitation,* on ne sait rien d'aussi beau.

Dans ce panorama chrétien, les scènes touchantes et grandioses se succèdent avec une éblouissante diversité. Fénelon ne décrivait pas autrement ; Bossuet n'avait pas de plus magnifiques éclairs. La phrase tombe sur l'idée à plis amples et riches, comme un vêtement de pourpre sur une épaule olympienne. On admire. Ce qu'il y a de bon aussi quelquefois, c'est que du milieu de cette majesté, tout à coup s'échappe un cri naïf qui vient vous frapper le cœur. C'est un géant qui, sur le rocher sublime où il rêve, s'est baissé pour ramasser une pauvre herbe.

Est-ce que Félicien David, lorsqu'il composait la *Danse des Astres*, n'avait pas lu le morceau suivant, écrit d'une main formidable, et qui n'a d'équivalent que dans les entassements à la fois lumineux et sombres du peintre Martinn :

« Conçoit-on bien ce que serait une scène de la nature, si elle était abandonnée au seul mouvement de la matière? Les nuages, obéissant aux lois de la pesanteur, tomberaient perpendiculairement sur la terre ou monteraient en pyramides dans les airs. L'instant d'après l'atmosphère serait trop épaisse ou trop raréfiée pour les organes. La lune, trop près ou trop loin de nous, tour à tour serait invisible, tour à tour se montrerait sanglante, couverte de taches énormes ou remplissant seule de son orbe démesuré le dôme céleste. Saisie comme d'une étrange folie, elle marcherait d'éclipse en éclipse, ou, se roulant d'un flanc sur l'autre, elle découvrirait enfin cette autre face que la terre ne connaît pas. Les étoiles sembleraient frappées du même vertige, ce ne serait plus qu'une suite de conjonctions effrayantes : là, des astres passeraient avec la rapidité de l'éclair; ici, ils pendraient, immobiles; quelquefois se pressant en groupes, ils formeraient une nouvelle voie lactée; puis, disparaissant tous ensemble et déchirant le rideau des mondes, suivant l'expression de Tertullien, ils laisseraient apercevoir les abîmes de l'éternité ! »

Ce sont de telles pages, répandues à profusion, qui font du *Génie du Christianisme* un chef-d'œuvre incontesté, jeune et vivant sous toutes les littératures. Il n'en fallut pas davantage pour placer son auteur à la tête du mouvement intellectuel, et baser sa réputation d'une manière étincelante et solide. Il éclipsa du premier coup tous ses contemporains.

Chateaubriand est un de ces astres absorbants et grandioses dans l'orbe rayonnant duquel viennent se confondre les planètes qui l'avoisinent. Toute réputation née à côté de lui se perd fatalement dans la sienne qu'elle attise et fait briller davantage. Chateaubriand ce n'est pas seulement Chateaubriand ; c'est encore Nodier, madame de Staël, Benjamin Constant, Andrieux et Soumet. C'est tout l'Empire et un peu la Restauration.

Voyez-le ! Une fois lancé dans la gloire comme dans un char de feu, il ira jusqu'au bout, lassant l'admiration, épuisant la louange. Après avoir lutté avec la Bible dans le *Génie du Christianisme*, il luttera avec Homère dans les *Martyrs*. Ses poëmes, contrepoids des batailles, feront, eux aussi, le tour du monde, passant là où le canon aura passé. Bientôt il n'aura plus qu'un seul rival en renommée : l'Empereur.

L'Empereur ! — Voilà le nom qui fait pâlir et rêver Chateaubriand.

Chateaubriand ! — Voilà le mur d'airain devant lequel s'arrête l'Empereur, étonné.

On a souvent apprécié et toujours diversement la lutte de ces deux hommes. « En échangeant l'insulte, a dit un écrivain, ces deux ouvriers sublimes d'une même œuvre se mentaient à eux-mêmes. » Cela est vrai. Mais séparés tous deux, ils n'en ont pas moins travaillé à l'œuvre commune. Le conquérant militaire et le conquérant religieux suivaient un sillon paralllèe, et plus souvent qu'eux-mêmes leurs idées se sont rencontrées face à face.

Appelez cela orgueil, appelez cela conviction, toutefois est-il qu'au milieu de cette époque éperdue, devant cet empereur qui s'est fait un pavé de fronts courbés, il est beau de voir un front debout, unique. Cela est grand, justement parce que c'est insensé. Cette plume aussi haute que ce glaive ! cette démission éclatante qui arrive à cet homme un lendemain de meurtre ! cette voix qui le poursuit sous sa pourpre neuve ! ce gentilhomme qui raille ce soldat ! On sait presque gré à Chateaubriand de son audace foudroyante; et ceux même qui suivaient le plus aveuglément la fortune impériale, s'oubliaient quelquefois à admirer ce courage solitaire !

Idéologues ! idéologues ! voilà le mot que la rage arrache à l'empereur. C'est le mot désespéré d'un homme qui sent malgré lui que la plume a toujours raison contre le sabre, même lorsque la plume a tort. Idéologues ! Et lui qui n'a jamais pardonné, mais qui devine vaguement que l'écrivain pèsera plus tard de toute sa faiblesse contre la force de l'empereur, le voilà qui cherche à étouffer sa haine et à tendre, sans qu'on le voie, une main furtive à l'auteur du *Génie du Christianisme*. Mais vainement.

Dès lors, toutes les avances du Corse auprès du Breton resteront inutiles. Colères, ordres, menaces, rien ne fera sur lui. Au retour d'un voyage en Grèce, Chateaubriand cingle Napoléon d'un coup d'article au visage ; il le peint dans les *Martyrs* sous les traits de Galérius ; il le frappe à travers l'ombre du régicide Chénier, il le menace même dans l'avenir. Puis, lorsque le colosse impérial gît à terre, il arrive avec sa fameuse brochure : *Bonaparte et les Bourbons,* et pose son pied sur la poitrine de celui qui avait voulu le faire *sabrer sur les marches de son trône.*

La plume ne pardonne pas.

Quelques mois plus tard, Chateaubriand suivait Louis XVIII dans la seconde émigration. René était ministre.

IV.

Ministre ! c'est maintenant le rêve de tous ceux qui portent une plume au côté, épilogue obligé des existences illustres ; c'est l'apothéose et le martyre. Ce que la France, depuis la première Révolution, a broyé de têtes fortes dans sa machine politique, est inconcevable. Elle renouvelle l'antique fable du Minotaure. Des hommes ! des hommes ! il lui faut un homme à dévorer tous les jours !

Chateaubriand est arrivé au gouvernement par la seule force de son nom, de ses œuvres, de son caractère. Il y est arrivé sans secousse, tout naturellement, et parce qu'il devait y arriver. Il était né ministre, comme il était né académicien.

En politique, Lafayette a engendré Chateaubriand, qui a engendré M. de Lamartine. Sous la même oriflamme azurée s'abritent ces trois hommes. Mais la tâche de Chateaubriand fut moins rude que celle de tout autre. Il venait après une époque de secousse, il entra dans une période de lassitude. La France haletait sur un lit de lauriers mouillés de sang. Il n'eut absolument qu'à organiser le repos, après lequel aspirait le monde. Du haut de la Restauration on le voit donc rayonner à son aise, — mais c'est sur une nation déjà aveuglée par quinze ans de tonnerre et d'éclairs continus.

Aussi bien, peut-être vaut-il mieux que la politique n'ait été qu'un intermède dans sa vie. L'homme de lettres en demeure plus entier de la sorte; ses faiblesses d'actions se perdent dans l'éclat unique de sa pensée. Un portefeuille n'est plus alors qu'une conséquence toute simple, et qui fait que Chateaubriand ministre complète seulement Chateaubriand gentilhomme et soldat.

Sa devise dans les affaires fut celle-ci : *Fais ce que dois, advienne que pourra.* Il est advenu sa chute, comme on sait. « J'ai cru voir le salut de la patrie dans l'union des anciennes mœurs et des formes politiques actuelles, du bon sens de nos pères et des lumières du siècle, de la vieille gloire de Duguesclin et de la nouvelle gloire de Moreau ; enfin dans l'alliance de la religion et de la liberté. Si c'est là une chimère, les cœurs nobles ne me la reprocheront pas. »

Non, sans doute, jamais il ne lui sera fait un crime du bien qu'il a voulu et qu'il n'a pas pu. Ses contradictions apparentes s'effacent dans la loyauté de ses intentions. « Le peuple ne lit pas les lois, a-t-il dit un jour, il lit les hommes, et c'est dans ce code vivant qu'il s'instruit. » Eh bien ! en lisant Chateaubriand, le peuple a lu un bon et beau livre, écrit seulement avec trop de lyrisme, ce qui fait qu'il ne l'a pas compris à toutes les pages.

Le malheur est aussi que Louis XVIII ne l'ait pas gardé assez longtemps, quoiqu'il eût pu se donner avec lui et par lui des airs de libéralisme mitigé. Mais il était jaloux de M. de Chateaubriand, cet excellent monarque ! jaloux de ses talents, jaloux de sa popularité. Si bien qu'il prit aux cheveux la première occasion venue pour se débarrasser de ce ministre qui cachait trop le roi.

Sorti pauvre du gouvernement et forcé de vendre ses livres, Chateaubriand se réfugia sous la tente du journal. Il fonda le *Conservateur* en opposition à la *Minerve*. Ses collaborateurs c'étaient MM. de Bonald, Lamennais, de Corbières et de Castelbajac. On y vivait dans la haine de M. Decazes, et tous les actes du ministère y étaient passés chaque matin au crible de l'esprit le plus serré. C'est de cette époque que datent les premières dents de la presse, muselée par Napoléon, démuselée par Chateaubriand. On peut le regarder avec raison comme le père du nouveau journalisme politique. Il est redevenu jeune pour cette guerre à bras raccourci et de tous les jours, jeune comme il ne l'avait jamais peut-être tant été. Sur ce terrain qui brûle, son style même acquiert une netteté nouvelle. Ce n'est plus seulement cette épée de parade richement ciselée à la poignée ; c'est un glaive robuste, beau de sa nudité flamboyante. Tancrède est ici remplacé par Roland.

« La poésie est belle, dit-il quelque part : mais il faut éviter d'en mettre dans les affaires. » A défaut de poésie, M. le vicomte se rabat sur l'esprit, et alors il s'en donne à cœur joie. Talleyrand a dû lui envier ce mot : « Ce serait une chose utile de savoir combien il faudrait de sots ministres pour composer un ministère d'esprit; nous savons à merveille combien il faut de ministres d'esprit pour former un pauvre ministère. »

Toute sa polémique est dans ce goût. C'est une merveille de raillerie, de fougue, de témérité. On chercha vainement à l'étouffer sous deux ambassades, sous des honneurs, sous une pluie d'or. Impossible. Il allait son chemin, discutant les hommes et les choses, avec cette passion fière qui est un des signes distinctifs de sa phase politique. S'il lui arrivait de pencher l'oreille et d'écouter ce qui se disait de lui autour de lui, sa réponse avait de ces hauts dédains qui font le respect autour d'eux. Tout se taisait sur le parcours de son regard. « Nous le savons, les vérités que nous disons blessent. On veut dormir au bord de l'abîme. Après tant de révolutions, on regarde comme des ennemis ceux qui avertissent des nouveaux dangers. La voix qui nous réveille est importune; et il est reconnu qu'il n'y a que des hommes passionnés ou trompés dans leur ambition, qui trouvent que tout va mal, lorsqu'il est évident que tout va bien. »

Il ne faut pas s'étonner après cela si l'on fut obligé de lui ouvrir bientôt la porte de l'*hôtellerie* des Capucines, — comme il l'appelait, — et s'il revint une seconde fois éclipser Louis XVIII sur son trône.

Chateaubriand ministre a ses côtés sympathiques comme Chateaubriand écrivain. En politique comme en litérature, on est sûr de le retrouver à la tête de toutes les initiatives généreuses. C'est ainsi que pamphlétaire ou gouvernant, il n'a jamais cessé de réclamer pour la liberté de la presse. A sa voix, Milton se lève et dit :

« Tuer un homme, c'est tuer une créature raisonnable; tuer un livre, c'est tuer la raison, c'est tuer l'immortalité plutôt que la vie. Les révolutions des âges souvent ne retrouvent pas une vérité rejetée, et faute de laquelle les nations entières souffrent éternellement. »

D'autres fois, Chateaubriand parle en son nom : « Qui souffre donc de la liberté de la presse? La médiocrité et quelques amours-propres irascibles. Mais, dans le dernier cas, quand la susceptibilité se trouve unie au talent, c'est encore un bien pour l'Etat que cette susceptibilité, mise à l'épreuve, s'aguerrisse par le combat. »

Puis suit la leçon, leçon grave, sévère, tombée de haut : « L'abîme appelle l'abîme : le mal qu'on a fait oblige à faire un nouveau mal, on soutient par amour-propre les ignorances où l'on est tombé par défaut de lumière... »

Et enfin l'arrêt, l'arrêt sans appel : « Tout considéré, nous ne voyons que le crime, la bassesse et la médiocrité qui doivent craindre la liberté de la presse; le crime la repousse comme un échafaud, la bassesse comme une flétrissure, la médiocrité comme une lumière. Tout ce qui est sans talent recherche l'abri de la censure; les tempéraments faibles aiment l'ombre. »

Ne dirait-on pas ces lignes écrites d'hier, d'aujourd'hui, de ce matin?

Considéré comme homme d'Etat, Chateaubriand se dérobe à tout jugement. Sa politique est variable comme sa vie. L'honnêteté est son principe. Il ne sait que cela. Ne lui demandez donc point ce qu'il est, où il va, ce qu'il veut. Je ne crois pas qu'il le sache bien lui-même. Dans sa brochure sur le *Bannissement de Charles X et de sa famille*, il dit qu'il est « monarchiste par raison, bourboniste par honneur et *républicain par nature.* »

Une lettre particulière, que M. Augustin Thierry a bien voulu me faire communiquer (1) montre également cette sympathie pour une république possible, — république qu'il voyait s'avancer vers lui à grands pas, république qui l'effraie et qui l'attire, et qui doit sonner l'heure de sa mort. Déjà il écrivait, lors de l'assassinat du duc de Berry : « Il s'élève derrière nous une génération impatiente de tous les jougs, ennemie de tous les rois; elle rêve la république... Elle s'avance, elle nous presse, elle nous pousse ; bientôt elle va prendre notre place ! » Cinq ans plus tard, son implacable doigt traçait le même avertissement : « Le monde chancelle, on le mène, il va à la république ; nous l'avons dit, nous le répétons ! » A cet endroit, je me suis rappelé l'épouvante d'Horatio dans *Hamlet*, lorsqu'il s'écrie d'une voix étouffée : *Le fantôme ! le fantôme !...*

L'écroulement du trône des Bourbons fut pour lui le signal de la retraite. Dès lors, isolé du mouvement politique, il ne laissa plus échapper de ses lèvres, à des intervalles lointains, que ces sombres prédictions qui tombaient sur notre époque avec le bruit sec et persistant d'une goutte d'eau qui creuse une pierre. — Il ne faut pas s'y tromper, ces prédictions ont réellement un

---

(1) « Si la France s'était formée en république, je l'aurais suivie, car il y aurait eu raison et conséquence dans le fait ; mais échanger une couronne conservée au trésor de Saint-Denis contre une couronne ramassée... Cela ne vaut pas la peine d'un parjure. »

caractère de merveilleux qui fait rêver. C'est de la seconde vue, mais dégagée des ténèbres de la phrase. Il semble que Dieu ait voulu compléter en lui l'homme politique par le prophète, et, lui accordant gain de cause dans l'avenir, lui donner raison dans le passé.

Ce phénomène s'est représenté à diverses époques de son existence; et c'est ainsi qu'on le voit, à travers vingt-neuf ans de distance, prédire avec une effrayante exactitude les choses de 1848 : « Nous ne doutons point que l'Europe ne soit menacée d'une révolution générale. Mais les insensés qui poussent à cette destruction se flattent peut-être en vain d'atteindre à leurs chimères républicaines. Les peuples européens, comme tous les peuples corrompus, passeront sous le joug militaire : un sabre remplacera partout le sceptre légitime. »

Cette même idée revient dans la *Réponse aux journaux sur son refus de servir le nouveau gouvernement :* « Il ne peut résulter, dit-il, des journées de juillet, à une époque plus ou moins reculée, que des républiques permanentes ou des gouvernements militaires passagers que remplacerait le chaos. »

Avertissements étranges! voix éloquente et sinistre, que l'on n'a pas assez écoutée!

Arrêtons-nous. Ces fragments portent avec eux trop de découragement et une tristesse trop profonde. La plume se glace enfin à transcrire ce perpétuel *Enfer* de l'âge actuel; et plutôt que de continuer à le suivre à travers ses innombrables cercles de souffrance et de terreur, nous préférons revenir à ce qu'il disait en 1830: « Que la France soit libre, glorieuse, florissante, n'importe par qui et comment, je bénirai le ciel! »

V.

Lorsqu'il fut de retour de cette campagne à travers la politique, il s'enferma à double tour dans la publication de ses œuvres complètes, et n'en bougea plus. Nous ne prendrons pas à corps corps chacun de ses livres pour en discuter le mérite. Ce travail énorme demanderait, pour être développé suffisamment, une trop vaste échelle. Nous tâcherons de rappeller seulement en quelques mots les principaux titres de Chateaubriand aux lecteurs de l'avenir.

L'*Itinéraire de Paris à Jérusalem* est un bon livre qui va à tout le monde, parce qu'il est rempli de poésie et de science, et qu'au bout du compte il apprend une grande quantité de faits intéressants. Ces livres-là, où il y a de tout et où chacun trouve ce qui lui plaît, ne doivent pas être dédaignés, quoiqu'ils soient écrits sans aucune sorte de plan, avec des réminiscences et au hasard de la compilation. L'*Itinéraire* nous semblerait encore meilleur si, trop souvent — et ceci est un reproche grave — Chateaubriand ne se laissait influencer par les souvenirs historiques. Un paysage n'a de prix à ses yeux que lorsqu'il a été célébré dans un poëme; et lorsqu'il parcourt le monde, il le fait trop évidemment comme un gentleman, son *Guide* à la main, Xénophon ou Josèphe, après avoir averti le conducteur de le réveiller à la page marquée d'une corne. Ne lui parlez pas des

Cévennes, elles n'ont rien qui l'émerveille, ce sont des montagnes qu'on ne rencontre guère dans la Bible et dans la mythologie, elles sont belles seulement par elles-mêmes ; cela ne suffit point. Passez, chaumières inconnues, saules tordus sur des abîmes sans nom, ruisseaux qui n'avez inspiré personne ; Chateaubriand ne tient pas à vous voir !

C'est mal. La nature ne tire pas sa beauté rien que des hommes. Il devrait mieux s'en souvenir, l'auteur de *René*. Dans son voyage à Jérusalem, le hasard lui a joué des tours malins et qui auraient dû restreindre son amour pour le pompeux. La vie ordinaire ne perd jamais ses droits, et malgré lui on la voit qui perce et qui jure au milieu de son lyrisme prévu. Déjà chez les Iroquois il avait rencontré un marmiton qui faisait danser le menuet à *ces messieurs sauvages et à ces dames sauvagesses*. Dans une des Cyclades, à une noce de village où il assista, il entendit chanter en grec, par mademoiselle Pengali, fille du vice-consul de Zéa, la fameuse romance : *Ah ! vous dirai-je, maman !* Peu de temps après, il tombe à Tunis, au milieu du carnaval, dans une folle compagnie d'officiers qui l'entraînent au bal et qui le forcent à *s'habiller en Turc*. — Chateaubriand en Turc ! Qu'a dû en penser M. de Fontanes, juste ciel !

Les *Natchez* ont eu le tort d'arriver après les *Martyrs*, quoiqu'ils fussent composés bien antérieurement. Ils complètent, avec le *Voyage en Amérique*, la série des précieuses études de l'écrivain sur le Nouveau-Monde, et renferment des descriptions, malheureusement mêlées à des discours de Satan et à des dissertations sur l'impôt. C'est du sauvage un peu à la manière de Saint-Lambert, dans le conte des *Deux Amis*, et de Parny, dans ses poésies madécasses (1). Tels tableaux cependant, celui de la moisson de la folle avoine et celui de la mort de René, révèlent la touche éclatante du maître.

Un peu moins de sécheresse dans les lignes eût peut-être assuré un succès durable au *Dernier des Abencerrages*, qui pèche justement par des défauts inusités à son auteur, c'est-à-dire par la sobriété et par l'absence de description. De la part de Chateaubriand, on s'attendait à mieux que *Gonzalve de Cordoue*, — et il faut croire sans doute qu'il pleuvait à Grenade le jour qu'il y est passé.

Publiés à de plus rares distances les *Etudes historiques*, célèbres par leur préface, l'*Essai sur la littérature anglaise*, et l'histoire de *Rancé*, achèvent l'ensemble considérable de ses travaux.

(1) Le voyage à la cour de Louis XIV et surtout l'épisode du Natchez à une représentation de la Comédie-Française, seront toujours difficilement approuvés des critiques. — Le Natchez entre au théâtre, un soir que l'on joue *Phèdre*. Il s'assied, et voici comment il traduit ses impressions au lever du rideau :

« Une *cabane*, soutenue par des colonnes, se découvre à mes regards. La musique se tait ; un profond silence règne dans l'assemblée. Deux guerriers (Hippolyte et Théramène), l'un jeune, l'autre déjà atteint par la vieillesse, s'avancent sous le portique. Je ne suis qu'un sauvage ; mais malgré ma rudesse native, je ne saurais dire quel fut mon étonnement lorsque les deux héros vinrent à ouvrir leurs lèvres au milieu de la cahutte muette. Je crus entendre la musique du ciel ; c'était quelque chose qui ressemblait à des airs divins. Vaincu par mes souvenirs, par la vérité des peintures, par la poésie des accents, les larmes *descendirent en torrent* de mes yeux. Mon désordre devint si grand *qu'il troubla la cabane entière...* »

Composé aux heures sereines de sa vieillesse, l'*Essa[i] sur la littérature anglaise* contient des fragment[s] intimes et des retours de la plus délicieuse rêverie[.] Il semble que ce ne soit plus le même homm[e] qui parle. Les côtés inconnus de son talent se dévoi[-]lent ; et, abandonné comme à la dérive de son inspi[-]ration, il nous raconte les choses les plus familière[s] de sa tête et de son cœur, avec un sourire attendri[.] Nous nous en voudrions de ne pas reproduire ce passa[-]ge sur les correspondances d'amour, vrai, ému, pri[s] sur nature et qui est autant en dehors de son style ha[-]bituel que les *Martyrs*, par exemple, le sont du styl[e] de madame de Sévigné :

« D'abord les lettres sont longues, vives, multipliées[;] le jour n'y suffit pas, on écrit au coucher du soleil ; o[n] trace quelques mots au clair de la lune, chargeant l[a] lumière chaste, silencieuse, discrète, de couvrir de s[a] pudeur mille désirs. On s'est quitté à l'aube ; à l'aub[e] on épie la première clarté pour écrire ce que l'on croi[t] avoir oublié de dire dans des heures de délices. Mill[e] serments couvrent le papier où se reflètent les roses d[e] l'aurore ; mille baisers sont déposés sur les mots brû[-]lants qui semblent naître du premier regard du soleil[.] Pas une idée, une image, une rêverie, un accident, un[e] inquiétude qui n'ait sa lettre.

» Voici qu'un matin quelque chose de presque insen[-]sible se glisse sur la beauté de cette passion, comm[e] une première ride sur le front d'une femme adorée. L[e] souffle et le parfum de l'amour expirent dans ces page[s] de la jeunesse, comme une brise s'alanguit le soir su[r] des fleurs : on s'en aperçoit, et l'on ne veut pas se l'a[-] vouer. Les lettres s'abrégent, diminuent en nombre, se remplissent de nouvelles, de descriptions, de choses étrangères; quelques-unes ont retardé, mais on est moins inquiet; sûr d'aimer et d'être aimé, on est devenu raisonnable, on ne gronde plus, on se soumet à l'absence. Les serments vont toujours leur train; ce sont toujours les mêmes mots, mais ils sont morts : l'âme y manque. *Je vous aime* n'est plus là qu'une expression d'habitude, un protocole obligé, le *J'ai l'honneur d'être* de toute lettre d'amour. Peu à peu le style se glace ou s'arrête. Le jour de poste n'est plus impatiemment attendu, il est redouté ; écrire devient une fatigue. On rougit en pensée des folies que l'on a confiées au papier, on voudrait pouvoir retirer ses lettres et les jeter au feu. Qu'est-il survenu ? Est-ce un nouvel attachement qui commence, ou un vieil attachement qui finit? N'importe ; c'est l'amour qui meurt avant l'objet aimé. »

VI.

Rien de calme et de beau comme le poëme de ses dernières années. Un fauteuil au coin de la cheminée de Madame Récamier, la solitude fleurie de son jardin, quelques voyages à Holyrood et à Venise, c'est tout. Et puis aussi cet autre grand voyage en lui-même, à travers son passé et dans ses œuvres, ce voyage appelé les *Mémoires d'Outre-Tombe*.

C'est à ce dernier ouvrage, couronnement de son édifice, qu'il a consacré le reste de ses jours. Rien n'a pu désormais le faire rentrer dans les affaires publiques, ni les prières de ses amis, ni cette chanson de Béranger, que toute la France a sue par cœur (1). Sans doute qu'il sentait alors venir vers lui les temps d'orage que nous traversons, et que, n'ayant plus d'espoir que dans le Christ, il désespérait de toutes forces humaines, — même des siennes.

Aussi quelquefois du fond de sa vieillesse, il lui prend de singulières amertumes, des accès de goutte littéraire pour ainsi dire; il gémit, il se désole, parce que *la démocratie est entrée enfin dans la littérature, ainsi que dans le reste de la société.* Or, lui ne veut pas de la démocratie. « On ne reconnaît plus de maîtres et d'autorités, on n'accepte plus d'opinions faites, le libre examen est reçu *au Parnasse.* » Or, lui ne veut pas du libre examen. Il se plaint de l'envie qui s'attache aux grands noms, des gloires que l'on déprécie, des réputations qu'on dénigre, — injuste en cela pour toute une époque qui l'a entouré d'un respect vraiment unique. Il raille l'école de 1830, il se moque trop cruellement

(1) Chateaubriand, pourquoi fuir ta patrie,
Fuir son amour, notre encens et *nos soins?*
N'entends-tu pas la France qui s'écrie :
Mon beau ciel pleure une étoile de moins!

Va, sers le peuple, en butte à leurs bravades,
Ce peuple humain, des grands hommes épris,
Qui t'emportait vainqueur aux barricades,
Comme un trophée, entre ses bras meurtris.

Ne sers que lui. Pour lui ma voix te somme
D'un prompt retour après un triste adieu;
Sa cause est sainte; il souffre, et tout grand homme
Auprès du peuple est envoyé de Dieu.

peut-être des jeunes gens *qui se tuent pour attirer l'attention publique*. Mais ce ne sont là, par bonheur, que des ombres momentanées sur son talent et sur son noble caractère.

La vieillesse, pas plus que la maladie, n'a pu mordre sur ce génie robuste. Il a travaillé jusqu'à son dernier jour : il a dicté jusqu'à sa dernière heure. Dans une préface, il parle de l'opiniâtreté particulière à sa nature. « Lors de ma jeunesse, dit-il, j'ai souvent écrit douze et quinze heures sans quitter la table où j'étais assis. L'âge ne m'a point fait perdre cette obstination au travail. Ma correspondance diplomatique au ministère est presque toute de ma main. » Il en était ainsi de Voltaire, actif et infatigable comme Chateaubriand, lorsque la mort vint le surprendre dans son athlétique maigreur.

A qui le regarde bien en face, Chateaubriand apparaît dans le XIX° siècle comme le contrepoids de Voltaire dans le XVIII°. Même universalité dans le travail, même courage dans la lutte. Chacun des ouvrages de Chateaubriand attaque, serre de près et soufflète un ouvrage correspondant de Voltaire. Depuis cinquante ans, en effet, pas un pouce de terrain que l'auteur du *Génie du Christianisme* n'ait disputé à l'auteur du *Dictionnaire philosophique*, pas un sentier dans lequel il ne se soit engagé avec lui. C'est un duel de toutes les heures à travers l'histoire, le roman et la philosophie.

Il est un des quatre grands hommes qui ouvrent l'époque moderne. Plus complet et plus enthousiaste que Walter Scott, moins exclusif que Byron, il est presque de la taille du gigantesque Goëthe, le maître à tous. Il a remis en honneur la littérature à images ; et c'est de lui que datent ces romans artistes où le style cherche à rivaliser avec la peinture et la sculpture, voire même avec la musique, curieuses productions, signées Balzac-Rubens, Gautier-Canova ou Liszt-Janin.

Mais notre travail serait incomplet si, après avoir détaché d'un fond d'or la tête pensive du grand vieillard, après l'avoir assis sur un nuage d'encens, l'avoir salué éternel et sublime, nous ne dévoilions également ses côtés humains, ses erreurs et ses défaillances. Peser sur le coup de ciseau hasardeux donné à l'Apollon du Vatican, c'est encore une manière de louer l'harmonie inaltérable du reste du corps. Tout génie doit sa dîme à la critique, si rayonnant que soit l'un, si modeste que soit l'autre; — et l'ombre illustre que j'évoque aujourd'hui serait elle-même la première à s'indigner d'un éloge qui ne saurait marcher que sur les genoux.

D'ailleurs la critique ne sera pas pour lui chose nouvelle. Il est un de ceux qui ont le plus entendu grincer de plumes autour de leur renommée. Ses ennemis littéraires lui font cortége; et avec cette naïveté de grandeur qui le caractérise, lui-même a voulu leur donner accès dans l'édition de ses œuvres complètes.

A leur tête, le plus fougueux et le premier, je distingue le grand républicain de l'Empire, Marie Chénier. Vers et prose, analyse et satire, tout lui a été bon pour accabler Chateaubriand; il n'est pas une page de ses œuvres où il ne le frappe malicieusement, le plus souvent sans raison, comme dans son *Tableau de la Littérature*, — quelquefois avec esprit, comme dans les *Nouveaux Saints* :

> J'irai, je reverrai tes paisibles rivages,
> Riant Meschacebé, Permesse des sauvages ;
> J'entendrai les sermons prolixement diserts
> Du bon monsieur Aubry, Massillon des déserts.
> O sensible Atala ! tous deux avec ivresse
> Courons goûter encor les plaisirs... de la messe !

On sait que Chateaubriand ne lui a pas pardonné ses plaisanteries. Aussi Marie Chénier est-il le seul académicien de ces temps modernes à qui son successeur ait refusé l'aumône d'un regret. — Peut-être est-ce pousser la rancune un peu loin. Il est des heures où les dissidences politiques n'excusent pas tout à fait l'oubli des justices littéraires.

Soit dédain, soit tout autre sentiment, Byron n'a jamais soufflé mot de l'auteur de *René*. De la part du noble lord, c'est au moins étrange. Chateaubriand n'en a pu complétement dissimuler son dépit. « Lord Byron, dit-il, peut-il m'avoir complétement ignoré, lui qui cite presque tous les auteurs français ? n'a-t-il jamais entendu parler de moi ? »

Paul-Louis Courier, — ce Meissonnier de la politique, — ne l'aimait pas non plus, et il lui a plusieurs fois enfoncé dans les chairs de méchant petits coups de poignard à tête d'épingle. Il a appelé ses romans du *galimatias*, et il s'est moqué de son ministère. De l'auteur du *Pamphlet des pamphlets* à l'auteur des *Martyrs*, cela se conçoit ; — c'est une guerre de colibri à lion.

Mais M. Gustave Planche a été plus brutal que cela. Voici comment il parle de Chateaubriand dans son livre des *Portraits :* « Critique de second ordre dans le *Génie du Christianisme*, voyageur inexact et verbeux dans l'*Itinéraire,* imitateur patient, mais *inutile*, de Virgile et d'Homère dans les *Martyrs* et les *Natchez*. » M. Planche ne reconnaît que *René* et l'épisode de Velléda. — Juger de la sorte, n'est-ce pas faire le procès aux gens avec une massue ?

Telles sont, je crois, les critiques principales qui sont venues l'atteindre dans sa gloire (1). Si maintenant nous cherchons une réponse à leur faire, c'est dans Chateaubriand même, que nous allons la trouver, — et la voici : « On renie souvent les maîtres suprêmes, on se révolte contre eux, on compte leurs défauts, on les accuse d'ennui, de longueur, de bizarrerie, de mauvais goût, en les volant et en se parant de leurs dépouilles ; mais on se débat en vain sous leur joug : tout se teint de leurs couleurs, partout s'impriment leurs traces : ils inventent des mots et des noms qui vont grossir le vocabulaire général des peuples ; leurs dires et leurs expressions deviennent proverbes, leurs personnages fictifs se changent en personnages réels, lesquels ont hoir et lignée. Ils ouvrent des horizons d'où jaillissent des faisceaux de lumière ; ils sèment des idées, germes de mille autres ; ils fournissent des imaginations, des sujets, des

---

(1) Depuis la composition de ce travail, et depuis la publication des *Mémoires d'Outre-Tombe*, bien des critiques nouvelles sont venues s'ajouter à ces critiques. On s'est déchaîné avec un acharnement inconcevable contre ces immortels *Mémoires*, le livre le plus jeune, le plus magnifique, le plus profond qui ait éclaté sur ces deux dernières années. On n'a pas voulu excuser beaucoup de vanité en faveur de beaucoup de génie. M. Sainte-Beuve lui-même, à notre immense étonnement, a cédé à cette mauvaise disposition unanime. Il a même été plus loin que tout le monde et oubliant le respect qu'il devait à un trépassé si récent et si glorieux, — son collègue d'Académie, — il a poussé le vertige jusqu'à parler « des goûts LIBERTINS que le noble auteur avait dans sa vie. » *Causeries du Lundi*.

styles à tous les arts. Leurs œuvres sont des mines inépuisables ou les entrailles mêmes de l'esprit humain. »

Cela posé, — qu'on nous permette maintenant de substituer notre opinion à celle de nos devanciers.

Selon nous, c'est surtout comme figure que Chateaubriand resplendit sur son siècle. La grandeur de sa vie apparaît avant celle de son talent, son nom vient avant ses livres. Il est lui-même un homme-épopée. On l'aperçoit de très-loin, et le respect lui arrive avant l'admiration.

Aussi, longtemps encore peut-être sera-ce *M. de Chateaubriand,* avant d'être Chateaubriand tout court. Longtemps encore peut-être ce sera la majesté, avant d'être la force.

La majesté ! — voilà son grand et superbe crime. Génie épique et théâtral, il lasse l'admiration. Pour lui, la rue du Bac n'a jamais eu de ruisseau. C'est un Murat, ce pouvait être un Napoléon.

Il n'a guère innové qu'à demi. Sa littérature est la littérature du dix-huitième siècle retrempée chez les sauvages. Les *Incas* avaient déjà frayé le chemin, et l'on se souvient trop peut-être que Chactas a vu Versailles et qu'il a assisté aux tragédies de Racine.

Ce n'est pas avec peu de chose que Chateaubriand compose son paysage ; Poussin lui a donné des leçons. Il lui faut des colonnes à demi-brisées, un clair de lune, des urnes cinéraires ; et, par-dessus tout cela, le *Génie des souvenirs, assis pensif à ses côtés.*

Cette recherche du grandiose le conduit quelquefois à des excès contre lesquels on ne saurait trop se tenir en garde. Je n'en veux pour seul et funeste exemple que ce coucher de soleil : « L'astre enflammant les vapeurs de la cité semblait osciller lentement dans un fluide d'or, comme le pendule de l'horloge des siècles ! » Evidemment les poëtes extravagants du seizième siècle n'eussent pas mieux dit.

« Peu m'importe l'action, écrit-il dans la préface des *Martyrs* ; elle n'est qu'un prétexte à description. » — Hélas ! pourquoi le ciel mit-il La Harpe sur sa route, ainsi que M. de Fontanes, *le Simonide français ?*

Il n'est pas de l'avis de Voltaire, qui disait que les bons ouvrages sont ceux qui font le plus pleurer. « Les vraies larmes, dit Chateaubriand, sont celles que fait couler une belle poésie; il faut qu'il s'y mêle autant d'admiration que de douleur. » Ce malheureux système apparaît jusque dans *René*, au moment où le frère d'Amélie, qui vient de recevoir comme un coup de foudre l'aveu d'un amour criminel, trouve encore assez de force pour arrondir immédiatement la période suivante : « Chaste épouse du Christ, reçois mes derniers embrassements *à travers les glaces du trépas* et les profondeurs de l'éternité qui te séparent déjà de ton frère ! »

La majesté ! Chateaubriand lui a tout sacrifié ; aussi son génie, spécial et constant dans sa pompe, n'est-il pas de ceux qui vont à tous, comme Shakespeare par exemple, l'homme des palais et des tavernes, des rois et des ivrognes, grand avec les grands, familier avec les petits, puissant avec chacun ; — Shakespeare, dieu qui parle le langage des hommes ; Chateaubriand, homme qui parle le langage des dieux.

Chateaubriand appelait *Hamlet* — cette *tragédie des aliénés.*

Comment Shakespeare eût-il appelé *Moïse*, cette tragédie de Chateaubriand ?

Car il faut bien le dire, comme poëte, Chateaubriand est nul ou à peu près. Sauf une cinquantaine de vers, je ne crois pas qu'il lui soit jamais tenu compte de son pindarique bagage. Pourrait-il en être autrement, lorsqu'on le voit s'appuyer sur une théorie aussi fausse que celle qu'il développe dans les lignes suivantes : « La poésie a ses bornes dans les limites de l'idiome où elle est écrite et chantée : on peut faire des vers autrement que Racine, jamais mieux. » Voici pourtant quelques strophes peu connues du *Moïse*, ses meilleures incontestablement, bien qu'il les ait supprimées plus tard par un faux sentiment de décence :

> Que dit à son amant, de plaisir transporté,
>   Cette prêtresse d'Astarté
> Qui voudrait attirer le jeune homme auprès d'elle,
> Et lui percer le cœur d'une flèche mortelle ?
>
> — Beau jeune homme, dit-elle, arrête donc les yeux
> Sur la tendre Abigaïl, que ta froideur opprime.
>   Je viens d'immoler la victime,
>   Et d'implorer la faveur de nos dieux
>   Viens, que je sois ta bien-aimée.
> J'ai suspendu ma couche, en souvenir de toi ;
>   D'aloès je l'ai parfumée :
> Sur un riche tapis je recevrai mon roi.
> Dans l'albâtre éclatant la lampe est allumée ;
> Un bain voluptueux est préparé pour moi.
>
> L'époux qu'on m'a choisi, mais qui n'a pas mon âme,
> Est parti ce matin pour ses plans d'oliviers ;
>   Il veut écouler ses viviers ;
>   Sa vigne ensuite le réclame.
> Il a pris dans sa main son bâton de palmier,
> Et mis deux sicles d'or dans sa large ceinture ;
> Il ne reviendra point que de son orbe entier
>   L'astre des nuits n'ait rempli la mesure.

« Quand l'âme est élevée, dit le fier vicomte, les paroles tombent d'en haut, et l'expression noble suit toujours la noble pensée. » Certes, ce n'est pas nous qui protesterons contre cette admirable poétique en trois lignes ; mais là où la pensée n'a que faire, alors que le récit ou la description suit doucement sa pente naturelle, à quoi bon la solennité de la phrase, l'éternelle aristocratie du mot ? Quoi ! toujours le *marinier* pour le marin, *l'astre des jours* pour le soleil ? L'auteur des *Natchez*, que son grand respect pour la rhétorique oblige à reconnaître les trois styles, oublie donc que le premier d'entre eux est précisément le style simple, et que c'est là surtout le style fort, parce que c'est le style vrai ?

Mon Dieu ! de ce qu'il n'a pas fait de littérature avec les notaires, les femmes de menuisier ou les escrocs, nous ne lui en voulons pas. Nous lui en voulons uniquement de ce que, chantant le marbre et la Grèce, il ne l'ait pas fait en style d'autant plus simple que le sujet était plus riche. Poétisez la réalité, c'est bon ; mais alors réalisez la poésie.

Il en est du génie comme d'Antée, qui reprenait des forces en touchant la terre.

Aussi rien de plus adorable que les haltes rares de Chateaubriand dans le simple et dans le naïf. Combien de pages ne donnerais-je pas pour ce bout de chanson composé entre deux chapitres des *Martyrs*, petite fantaisie gracieuse, perle ramassée au pied d'un dolmen :

> Combien j'ai douce souvenance
> Du joli lieu de ma naissance !
> Ma sœur, qu'ils étaient beaux les jours
>   De France !

> Te souvient-il que notre mère,
> Au foyer de notre chaumière,
> Nous pressait sur son cœur joyeux,
>   Ma chère ?

Pour moi, Chateaubriand existe surtout dans ses préfaces, c'est-à-dire presque en dehors de ses livres, dans ses lettres intimes, et, comme nous l'avons dit déjà, dans son style politique (1), partout enfin où il n'a pas le temps de boucler sa phrase, où il oublie Aristote et Boileau, où il improvise, où il se surprend à être lui malgré lui.

Pour l'avenir, il existera surtout dans ses *Mémoires*.

Au couchant de sa vie, une grave transformation s'est opérée dans son talent. Je dis grave et curieuse. C'est à soixante ans que lui est venue la jeunesse. C'est au bord de la tombe que cet austère penseur qui, à coup sûr, n'a jamais souri, s'est pris soudainement à rire aux éclats, du grand rire de Callot, de Montaigne, de Le Sage, et quelquefois aussi de Voltaire. Sa muse, au sortir de quelque fontaine de Jouvence inconnue, tout à l'heure déesse en manteau de pourpre, nous est réapparue jeune fille couronnée de bleuets. C'était Junon ; ce n'est plus que Lydie ou Camille, une nymphe quelconque, la première venue.

Heureuse littérature ! la vraie et la seule possible maintenant. On ne fera plus de succès qu'avec des récits tout de réalité franche. Peut-être finira-t-on par convenir qu'on a eu trop d'esprit, d'imagination et d'audace et que ce n'était pas la peine de voyager si longuement

---

(1) Sur ce terrain il a de très-beaux éclats. Ainsi, dans ses attaques contre les terroristes, il les nomme des *architectes en ossements*. Et un peu plus loin : « Manufacturiers de cadavres, vous aurez beau broyer la mort, vous n'en ferez jamais sortir un germe de liberté ! »

dans les brumes pour retourner comme devant au style de Tallemant des Réaux, — ce beau style où il fait si clair !

Toute la question est là : faire entrer le livre plus avant et plus sympathiquement dans le peuple. C'est beaucoup notre faute si dans cette dernière période il nous a préféré des conteurs d'aventures impossibles. La vraie littérature du dix-neuvième siècle a trop souvent des fantaisies inaccessibles pour ceux qui ne savent que lire, rien que lire. Trop souvent la note du cœur est étouffée sous les notes pétillantes de l'esprit.

Entre son œuvre passée et son œuvre actuelle, entre les *Martyrs* et les *Mémoires,* je vois une grande différence.

L'œuvre passée de Chateaubriand, ensemble harmonieuse et grandiose, m'apparaît comme un palais de marbre au milieu d'une forêt. Tout y est enchantement et magnificence. Des voix mystérieuses résonnent au dedans, des parfums enivrants s'exhalent au dehors. Chaque fenêtre ouvre sur un horizon de feuillage brûlant, sur un parc profond et rempli de statues, sur un coteau qui ploie sous les pampres. C'est un très-beau palais. Seulement un cercle de grilles l'emprisonne, des sentinelles en défendent l'approche à plus d'une demi-lieue à la ronde, et, pour y pénétrer, il ne faut pas moins de sept ou huit quartiers de noblesse.

L'œuvre posthume de Chateaubriand, — c'est-à-dire les *Mémoires,* — offrent bien encore, si l'on veut, l'aspect d'un palais; mais déjà ce n'est plus du marbre, c'est bel et bonnement de la pierre. La splendeur froide de l'architecture grecque a fait place à l'épanouissement original des fantaisies de l'art gothique. Un pan de la forêt a été abattu, et de ce côté le regard plonge dans le dédale fourmillant des rues de la ville. Les grilles rebelles se sont ouvertes, les gardes ont reçu une autre consigne; et bourgeois, paysans, peuple, femmes, ceux qui sont des gentilshommes et ceux qui ne sont que des hommes, les savants et les écoliers, tout le monde enfin entre librement. Lazare lui-même est assis sur la plus haute marche du portail.

Chateaubriand nous a dévoilé l'avenir de la politique; — essayons de jeter un coup d'œil sur l'avenir des lettres. Pour tout homme qui se met sur la trace du mouvement intellectuel depuis quelques années, il est évident que nous touchons à une crise littéraire et à une transformation importante des opinions reçues.

Toujours une révolution purge violemment une littérature. Elle fait l'idée plus palpable et le langage plus vrai. Il faut des hommes à grosse voix pour se faire entendre aux heures de tapage social, et des écrivains ardents en couleur pour se faire lire. La réflexion serait mal venue alors, car l'action déborde de toutes parts et le fait pèse sur l'analyse. Sainte-Beuve se trouve au-dessous de Maximilien Perrin; — et le premier roman, monté en jaune et en bleu comme une assiette de campagne, est préféré aux plus subtils chefs-d'œuvre de sentiment.

Voilà que notre littérature, en moins de soixante ans, a déjà passé par les cribles successifs de trois révolutions. La première, la grande de 1789, a donné des résultats d'une puissance incontestable et souvent effrayante. D'abord elle a fait descendre quatre à quatre aux écrivains les degrés de l'Encyclopédie, et elle les a logés dans la rue, où bientôt, ahuris et chétifs, ils sont morts sans postérité. Alors ceux qui se sont levés derrière ont été de bien autres hommes. Littérateurs fauves on ne sait d'où venus, sans tradition, jouant de la guitare sous la potence ou décrivant avec amour des scènes d'égorgements dans des châteaux, ils ont fait école neuve. Si bien qu'il y a eu pour eux lecture et succès, même aux jours les plus affreux. On s'est intéressé aux massacres sensibles de Ducray-Duminil, et l'on a fait une haute renommée à Pigault-Lebrun pour ses jovialités de mauvaise odeur.

Ceux-là ont parlé au peuple; seulement, ils lui ont mal parlé; mais la tendance était bonne. Ils ont compris que jusqu'à présent on n'avait pas pris garde à la plus grande portion du public. De voir des livres qui ont la prétention de s'adresser à tous, écrits comme le *Bonheur* de M. Helvétius, cela leur a fait lever les épaules, et ils se sont mis à procéder d'autre façon. Malheureusement, ils ont dépassé le but : au lieu d'être simple, leur style a été bas. Ils sont entrés chez le peuple, non par la porte, mais par l'égout.

Cette littérature grossière de la première révolution a servi du moins à répandre certaines idées vives, qui étaient encore dans l'œuf. De considérables agrandissements ont été faits sur les fiefs de l'imagination : on a abattu des murs, percé des chemins et ouvert de nouvelles séries aux hommes de lettres, par l'adjonction d'éléments nouveaux. La plume dès lors n'a plus bronché devant les sauvageries de la vie réelle. Peu à peu Mercier a fini par voir comprendre son drame de la *Brouette du Vinaigrier*. Les violeurs, les fantômes, les abbesses ont fait invasion dans le roman. Il y a eu des aventures d'auberge, des amours dans le grenier, des hussards déguisés en demoiselles, mille audaces mal faites, un tas de sensibleries anglaises, — enfin une réaction d'Auvergnats contre les auteurs marquis du dix-huitième siècle. Tout ce fumier, largement étendu sur le champ littéraire, devait produire tôt ou tard un épanouissement de hautes plantes.

Cet épanouissement est advenu aux environs de la deuxième révolution, — celle de juillet 1830 — qui restera comme une date brillante dans l'histoire de l'art en général. Le sol s'est mis à pousser des fleurs très curieuses, d'extraordinaires enlacements de lianes et quelques arbres phénomènes pour lesquels on eut besoin d'inventer une serre romantique. Les poètes étaient tous des jeunes gens, décidés et convaincus, la plupart exclusivement passionnés, qui marchaient serrés dans leurs folies, avec l'insolence de la verve et le courage né des circonstances politiques. Ils ont étonné avant de plaire. Mais enfin comment ne pas se rendre à cette littérature qui sonne si fort de la trompette et qui affiche son talent sur tous les murs en lettres dorées? Il y avait d'ailleurs du bon dans cette mascarade, sortie copieuse et flambante des sépulcres soulevés de Rabelais, Shakespeare, Mathurin Régnier, Goya et Sterne; cela replaçait la littérature dans un milieu seigneurial et bruyant, à l'écart de la philosophie sur les autels de qui s'étaient succédés précédemment de trop nombreux sacrifices.

La révolution de 1830 a surtout grandi le roman. Il y a eu progrès sur l'école de la République, progrès et complément. La forme s'est purifiée, tout en gardant sa franchise, et a conquis à elle les classes bourgeoises. Des gens solides sont arrivés, tels que Balzac, Soulié et George Sand, qui ont fait crier la vie dans leurs livres ; d'où est venue cette importance sociale accordée au roman. De grands succès ont été obtenus également par des œuvres douces, en apparence vulgaires, comme *César Birotteau*, l'histoire d'un parfumeur ; comme *André*, où un père est sur le point de donner des coups de pied dans le ventre à une fleuriste ; comme encore le *Lion amoureux*, baliverne pleine de larmes. Quelques-uns de ces succès ont été lents et souterrains, mais l'effet n'en demeure pas moins immense.

D'autres succès, plus retentissants mais plus passagers, ont pu être obtenus à côté. Cela ne prouve rien. Seulement c'est affaire de curiosité, d'actualité ou de gravelure. De curiosité, en ce qui concerne les humoristes extrêmes, jardiniers à la recherche des roses bleues littéraires, gens de fantaisie et d'esprit exclusifs, qui n'y voient pas plus loin que le bout de leurs paradoxes. C'est affaire d'actualité pour ces énormes machines en tant de volumes, montées sur l'affût de quelque question à l'ordre du jour. Enfin, c'est affaire de gravelure vis-à-vis de cette école de la première révolution, bien affaiblie et rapetissée, mais impassiblement continuée tour à tour par Raban, Auguste Ricard, Signol, Lamothe-Langon, les joyeux de la bande. Là-dedans, rien n'a jamais inquiété la littérature vraie, ni retardé le travail progressif du roman.

La troisième révolution est celle par où nous passons aujourd'hui. Elle n'a pas encore donné sa formule littéraire. Attendons. Les résultats qu'elle prépare seront importants et mieux décisifs. Je fonde cette croyance sur la disparition sensible des talents et des réputations *secondaires*, qui s'éteignent les unes après les autres, celles-ci sous leur mercantilisme et celles-là sous l'exagération de leur force, flammes de punch à qui vient l'eau-de-vie à manquer tout à coup. Certainement il est impossible d'exclure les genres en littérature et de ne pas admettre les tempéraments; insensé est l'absolutisme en pareille matière. Tel romancier a raison de se vouer exclusivement à des récits d'Espagne et de Cordoue, si sa nature l'y porte avec irrésistibilité; tel autre fait bien de ne voir qu'éléphants et tigres sur la surface du globe, s'il sait mal décrire une brebis ou une vache. Mais ce qui fait par malheur la fragilité de leurs conceptions, c'est le manque total de *sérieux*; on connaît maintenant leurs procédés, et tout le monde lit dans leurs cartes. — Le sérieux! Hoffmann ne l'a jamais perdu dans ses belles extravagances.

Nous ne savons pas au juste ce que sera la nouvelle génération littéraire; mais par les leçons que lui font les événements et par les exemples de grandeur et de décadence qu'elle a sous les yeux, il est permis d'espérer qu'elle se présentera avec des qualités fortes et un sens droit.

En littérature, — la première révolution a donné la force. La seconde révolution. la grandeur. La troisième révolution donnera peut-être la vérité.

PAUL DE KOCK.

PAUL DE KOCK.

Je ne pense pas être ridicule ou trivial en avouant ma sympathie littéraire pour le romancier Paul de Kock. J'aime ce talent naïf, ce style clair, cette goguette perpétuelle, — et aussi ce vrai sentiment des qualités morales qui font l'homme vertueux. Son œuvre n'a pas d'équivalent dans les littératures étrangères, et c'est à regretter : chaque nation devrait avoir son Paul de Kock, c'est-à-dire son peintre de réalités amusantes et bourgeoises. Je comprends parfaitement l'admiration des Anglais, — peuple sagement curieux, — pour l'auteur de *Mon Voisin Raymond*.

Aujourd'hui, je ne veux que raconter une anecdote

de jeunesse, où le nom et la personne de cet auteur remarquable se trouvent mêlés.

C'était plusieurs années avant la chute du roi Louis-Philippe, au temps des folies amoureuses du quartier Latin. Nous étions une nichée entière installée dans un hôtel de la rue de l'Eperon, faisant de la musique, du droit, de la peinture ; le hasard seul nous avait réunis, et, empressons-nous de le déclarer, jamais l'idée ne nous vint de nous organiser en cénacle. D'ailleurs, il y en avait de fort bêtes parmi nous.

Deux ou trois filles d'Ève, qui n'étaient pas plus laides que d'autres, et à qui nous prêtions une poésie — qu'elles ne nous rendaient pas, — venaient souvent enjouer cette demeure. Une d'elles, qui depuis s'est fait épouser par un restaurateur, me charmait particulièrement par l'ardent éclat de ses yeux noirs, la rébellion constante de ses cheveux épais et la sonorité de son rire. Mon cœur d'opéra-comique palpitait rien qu'à l'entendre, à certaines heures, heurter de son doigt impérieux à la porte de la chambre n° 15. — Hélas j'habitais la chambre n° 14.

Cette belle fille, j'ai un peu de honte à le dire, s'appelait d'un nom réprouvé par la grande littérature. Au lieu d'avoir été tenue sur les fonds baptismaux par quelque conteur d'Espagne et d'Italie, et de s'appeler Rosalinde, Penserosa, Belcolor ou Carmosine, la pauvre enfant, qui n'avait jamais vu de *romantiques* autrement qu'en lithographie noire, se laissait nommer vulgairement Fifine, — comme dans *Sans Cravate*, de Paul de Kock.

Fifine ! — Ce nom rappelle toute une époque, tout

une manière, une sorte d'humeur évanouie à présent, la gaîté des employés en vacances, Cupidon monté sur un âne dans le bois de Montmorency, des capotes roses, des ombrelles vertes, des brodequins de coutil ; et puis aussi des mansardes invraisemblables où l'on ne marche en hiver que sur des peaux d'oranges, et où le bonheur croît paisiblement sous l'emblême d'un pois de senteur planté dans une écuelle.

Fifine devait son nom au caprice de quelques-uns d'entre nous, partisans fanatiques des belles-lettres égrillardes et lecteurs des romans édités par Barba. Nous avions pris un abonnement collectif chez madame Cardinal, la célèbre libraire de la rue des Canettes; c'était Fifine qui était chargée de nous apporter chaque soir les romans dont nous avions dressé la liste en conseil suprême. — Après dix ans, je retrouve une de ces listes, expression curieuse et fidèle de nos tendances littéraires; je la donne sans y changer une syllabe. On sait que les statuts des cabinets de lecture interdisent d'emporter plus de deux ouvrages à la fois.

» Demander *André le Savoyard*, par Paul de Kock ; *Gustave ou le Mauvais sujet*, par le même.

» Au cas où ces ouvrages seraient en lecture, demander :

» *Sœur Anne*, par Paul de Kock ;
» Ou l'*Enfant de ma Femme*, par le même ;
» Ou la *Laitière de Montfermeil*, par le même ;
» Enfin, en désespoir de cause :
» Les *Amours du chevalier de Faublas*, par Louvet ;
» Le *Compère Mathieu*, par Du Laurens ;

» Les poésies de Mollevault, de l'Académie française ;

» *Cyprien,* ou le *Petit fumiste de neuf ans*, par Mme Ulliac-Trémadeure

» *Les Contes de Mme de Monte-aux-Lieux,* etc.,etc. »

On devine aisément que Fifine s'arrangeait toujours de manière à nous apporter du Paul de Kock — quand même. Nous lui sautions au cou pour sa peine; et celui de nos camarades dont l'organe rappelait le mieux M. Mennechet, ancien lecteur ordinaire de S. M. Charles X, s'empressait immédiatement de nous initier aux délices du roman nouveau. Cette littérature toute pacifique n'amena jamais chez nous les collisions funestes qui ensanglantèrent les premiers âges du romantisme. Nous nous amusions comme de simples marmitons, laissant à de plus dignes le soin de décider entre la comédie et le drame, entre l'hémistiche brisé et l'alexandrin à la Dombasle.

Ce qui devait arriver arriva pourtant. Un jour nous nous trouvâmes au bout de la collection complète des œuvres de notre romancier. Grande fut notre désolation. Comment allions-nous pouvoir vivre maintenant? A quel autre écrivain fallait-il avoir recours? Pendant trois ou quatre mois environ, nous flottâmes de Ricard à Raban et de Raban à Maximilien Perrin ; mais ce n'étaient là que des équivalents bien faibles. Ricard nous faisait rire, et c'était tout ; Raban nous paraissait grossier; Maximilien Perrin nous ennuyait. Nous essayâmes du baron de Lamothe-Langon, dont les titres nous alléchaient, et qui avait conquis une sorte de réputation dans les classes intermédiaires; mais nous ne pûmes finir le *Ventru,* et nous n'allâmes pas au delà du premier volume de *Monsieur le Préfet*. Le compilateur Touchard-Lafosse nous rebuta, et nous nous lassâmes de Victor Ducange. Après avoir de la sorte parcouru la série des illustrations de cabinet de lecture, nous retombâmes dans notre perplexité et conclûmes désespérément qu'il n'y avait rien en deçà ni au delà de Paul de Kock, et que *la Femme, le Mari et l'Amant* représentaient les colonnes d'Hercule de la littérature au dix-neuvième siècle.

Nous nous rappelions surtout ce passage inimitable, où l'auteur, se substituant à ses personnages, nous communique en ces termes ses ingénieuses et piquantes réflexions : « Je suis au spectacle… j'aime beaucoup le spectacle… surtout quand on y joue de bonnes pièces et que je suis bien placé. On n'est pas encore près de commencer… On est si long dans ces théâtres de boulevards ! En attendant, et pour nous occuper, examinons un peu mes voisins. C'est une distraction très-agréable quelquefois. Ah ! j'ai à ma gauche une fort jolie femme… j'aime beaucoup les jolies femmes… Mais un gros homme à lunettes se penche à chaque instant vers elle et lui parle d'un air qui me déplaît… Je n'aime pas les gros hommes à lunettes… Celui-là surtout m'agace les nerfs… je ne sais trop pourquoi… Que l'homme est souvent bizarre dans ses antipathies !… Continuons mon examen… »

Que dire après cela ? Où trouver narration plus intéressante, style plus précis ? Fifine principalement était inconsolable, et, dans sa douleur, elle ne parlait rien moins que de nous apporter le *Solitaire*.

Cette année-là justement, le hasard ou la fatalité voulut que Paul de Kock ne produisît rien, rien du tout. Le dieu s'était retiré dans un nuage. Après avoir patienté autant qu'il nous fut possible, nous prîmes enfin une décision sérieuse : nous résolûmes de nous rendre en solennelle ambassade auprès de lui, à cette fin de le conjurer de reprendre la plume, — et nous fixâmes pour cette expédition le dimanche suivant.

Ce jour-là, le soleil avait fait sortir tous les Parisiens de leurs maisons ; une foule joyeuse se portait vers la barrière ; *le commis à quinze cents francs d'appointements donnait le bras à la petite ouvrière* ; le marchand de la rue aux Ours marchait gravement, escorté de sa femme, *une grosse dondon encore appétissante*, et de sa fille, une grande innocente qui n'osait lever les yeux. Tous ses gens-là se promettaient un plaisir infini, et dans le fond ils n'avaient pas tort, car *quoi de plus doux en effet que les plaisirs de la campagne* (style du maître) ?

Notre petite colonie, composée de sept personnes, s'était mis en route avant midi. Fifine ouvrait la marche, enveloppée avec ostentation dans un de ces longs châles, imitation de cachemire, inventés pour le triomphe de la ligne serpentine. Elle avait un bonnet à rubans lilas, — le dernier bonnet de grisette ! — et des souliers de *satin turc,* comme on n'en porte plus. Dodolphe l'accompagnait, car partout où il y a une Fifine il faut un Dodolphe, c'est de rigueur.

Venaient ensuite la *blonde et sentimentale* Estelle, belle enfant de vingt-huit ans, coiffée en tire-bouchons, avec le *petit musicien* Anatole dont elle avait fait connaissance au bal de Sceaux, où il jouait de la clarinette ; — puis Nini et *son bon ami* Robinet, que l'on avait chargé de quelques provisions, afin qu'il ressemblât tout à fait à M. Bicault, facétieux personnage des premiers chapitres de *M. Dupont, ou la jeune fille et sa bonne.*

Nous arrivâmes ainsi au boulevard du Temple, où demeurait M. Paul de Kock. Après avoir pendant quelques minutes contemplé sa maison avec sensibilité, nous nous décidâmes à en franchir le seuil. Il fut arrêté que je porterais la parole au concierge en l'appelant *monsieur*, — et non *père chose*, ainsi que l'eût souhaité Fifine pour plus de couleur.

— M. de Kock? demandai-je, après avoir salué révérencieusement.

— Lequel? répliqua le concierge.

Je me retournai plein d'ébahissement vers mes camarades, et je remarquai sur leurs visages une surprise égale à la mienne.

Cependant ce concierge, croyant que je n'avais pas entendu, répéta en haussant d'une note :

— Lequel?... le père ou le fils?

— LE SEUL! s'écria Fifine, avec une pose et un accent superbes.

Le portier fasciné, eut l'air de comprendre et nous indiqua l'escalier à droite.

Cinquante marches après, nous nous rangions sur le palier, et deux minutes ensuite nous étions face à face avec le grand homme.

Il était vêtu d'une robe de chambre brune à ramages chocolat, comme les dentistes, et sa tête était ornée d'un bonnet grec. Notre démarche parut le flatter infiniment, et en reconnaissance il nous montra sur son bureau de bois de rose les épreuves de *Ce Monsieur!* qui allait paraître. Nous nous jetâmes dessus avec un enthousiasme — qui amena un éclair d'orgueil dans sa prunelle.

Ce premier moment écoulé, j'invitai, au nom de mes camarades, M. Paul de Kock à un simulacre de banquet chez Passoir. Après s'être défendu avec beaucoup de grâce, M. Paul de Kock finit par acepter. — Les vitres de son appartement résonnèrent au bruit prolongé de nos joyeux hurrahs.

J'avais été chargé de l'ordonnance et des dispositions de cette fête, et j'avais cru ne pouvoir faire mieux que d'en calquer le dessin sur les principaux romans de M. Paul de Kock lui-même. Tous les chapitres où l'on mange, où l'on folâtre, avaient donc été compulsés par moi avec un soin remarquable, et j'en avais extrait les éléments d'un programme — qui, à mon sens, devait tout à fait chatouiller son amour-propre d'auteur.

M. Paul de Kock ne nous avait demandé qu'un quart d'heure pour changer de toilette. Il revint avec un pantalon blanc et un habit vert-russe. Ce fut le signal du départ.

Arrivés chez Passoir, nous nous installâmes sous un berceau, dont les branches entrelacées *formaient un dôme impénétrable aux feux du jour*. M. Paul de Kock occupait le haut bout de la table, — ayant Fifine à sa droite et Dodolphe à sa gauche.

— Voilà un des plus beaux jours de ma vie! murmura-t-il.

Mais, lorsqu'il s'agit de vider la première rasade :

— Qu'est-ce que cela? demanda-t-il, en portant le verre à ses lèvres.

— C'est du coco, répondis-je.

— Comme dans *Jean*, dit Fifine.

— Comme dans *Frère Jacques*, dit Anatole.

— Ah! très-bien!... dit M. Paul de Kock, en faisant la grimace... une flatterie! je comprends... je comprends... Mais j'aime mieux le vin rouge.

Je fus un peu désappointé; néanmoins mon programme gardait d'autres merveilles en réserve. Je comptais surtout sur une salade, plaisamment saupoudrée de chenilles, comme dans *Monsieur Dupont,* au chapitre intitulé : *Un dîner dans le bois de Romainville*, mais cette seconde allusion eut encore moins de succès que la première. La macédoine d'insectes alla rejoindre le coco.

Malgré cela, le dîner fut excessivement joyeux, et le vin de Beaune n'attendit pas longtemps pour venir mettre le feu à nos cerveaux, tansformés en rosaces d'artifices. Je devins pyrotechnique comme Méry de Marseille : je fis tournoyer l'artichaut scintillant de ma pensée, — et Dodolphe lança quelques bombes paradoxales, qui retombèrent en pluie de calembours !

Dans notre commune ferveur, nous nous étions débaptisés tous, pour emprunter les noms favoris des héros de M. Paul de Kock : Bribri, Troutrou, Mistigri, Pétard, Rocambolle, Verluisant. Cet hommage délicat le toucha aux larmes.

Jusqu'au dessert, il se laissa doucement aller à ces jeux de l'esprit, répondant et mangeant, souriant à tous, à l'aise dans sa gloire comme le poisson dans l'eau; tandis que Fifine, cédant à un besoin de familiarité excessive, lui frappait sur l'épaule en l'appelant : — Farceur !

La blonde Estelle, plus sentimentale que jamais, tournait les yeux vers lui, et répétait deux de ses vers, remarquables de limpidité philosophique :

> Oui, pour un cœur enclin à la mélancolie
> Ce site romanesque est plein de poésie (1).

Ce fut ce moment d'expansion unanime que je choisis pour donner suite à mon programme et pour procéder au *couronnement* de l'illustre auteur. Le myrte et la rose s'unirent sur son front égayé; ce fut Fifine qui s'érigea en Clairon de cet autre Voltaire. J'avais composé le matin un hymnicule sur l'air célèbre : *O Fontenay!* Anatole le chanta d'une voix doublement émue :

AIR : *Oh! Fontenay*, etc., etc.

> O Paul de Kock qu'embellissent les roses,
> Va, ne crains rien des outrages du temps;
> Tu survivras à nos siècles moroses,
> Gai philosophe en habit de printemps !

> On relira tes poëmes de joie,
> Vaste Odyssée où domine le flan,
> Et que le pape en des étuis de soie
> Soigneusement enserre au Vatican.

> A ton école, où les enlumineuses
> S'en vont apprendre à sabler le vin doux,
> En redisant tes chansons amoureuses,
> Je vois nos fils se donner rendez-vous.

> Une statue, ô Dieu de la grisette,
> Rendra ces traits qu'ici nous admirons;
> Et l'on verra Tapote et Bastringuette
> En bas relief, épluchant des marrons !

(1) *Contes en vers* de Ch. Paul de Kock.

> O Paul de Kock, dont la verve suprême
> Sait nous mener du bal au violon,
> Poursuis toujours ! et dans un plat de crème
> Renverse encor l'immortel Baisemon.
>
> De vin à quinze et d'amour enflammée,
> Vois la Nini, Galatée en rubans ;
> Dans un ravin, sur sa lèvre pamée
> Etreins la grappe en tes doigts ruisselans.

L'attendrissement qui suivit ces stances ne peut se décrire qu'avec peine. Dans les brusques mouvements de son exaltation, Dodolphe renversa un plat d'épinards au sucre sur le pantalon blanc de M. Paul de Kock.

— Comme dans *Zizine !*

— Comme dans *Madeleine !*

— Comme dans *Georgette* ou la *Nièce du Tabellion !*

Force fut à M. Paul de Kock de se consoler de cet accident, — avec des citations. Il s'essuya de son mieux et fit bonne contenance. D'ailleurs, le dîner était arrivé à cette période où l'indulgence est chose facile. Cependant, craignant d'être entraîné trop loin par l'imitation complète de ses œuvres, il refusa avec énergie de nous suivre au jeu de la balançoire.

— Quel dommage ! dit Estelle, c'eût été comme dans *Un jeune homme charmant !*

— Ou comme dans *Ni jamais ni toujours !*

— Alors, il faut faire des crêpes ! s'écria Fifine, en frappant ses mains l'une contre l'autre.

— Oh ! oh ! dit M. Paul de Kock, des crêpes... dans un jardin !

— Nous demanderons un cabinet.

Décidément, le jovial écrivain portait la peine de ses propres ouvrages. Après avoir savouré la popularité dans ce qu'elle a de plus doux, il voyait poindre déjà les inconvénients du fanatisme. Trop de Beaune gâte tout! A force de faire sauter des crêpes dans la poêle, M. Paul de Kock sentit subitement se déchirer son pantalon, — épisode qui détermina parmi nous une bruyante explosion d'hilarité :

— Comme dans *Un bon enfant !*
— Comme dans, l'*Homme aux trois culottes !*
— Comme dans la *Jolie Fille du Faubourg !*
— Comme dans le *Tourlourou !*

Ici, tout le catalogue de ses romans fut égréné et défila. En effet, il n'est pas un seul volume de M. Paul de Kock où le héros n'ait un pantalon *craqué* sous lui.

De ce moment, notre joie ne connut plus de bornes, et nous entrâmes dans la série des extravagances toutes françaises. Fifine, s'acharnant après le fameux auteur, l'appelait *Plume de Coq* et *Poule de Coq*. Féroce d'admiration, Anatole lui déroba un pan de son habit vert-russe, en manière de relique.....

Il était nuit close lorsque nous le reconduisîmes chez lui, en triomphe. Dodolphe voulait absolument bassiner son lit, — comme Férulus dans la *Maison-blanche ;* et Fifine proposait d'attacher au cordon de sa sonnette le chat du concierge, — comme dans l'*Homme de la nature et l'Homme policé.*

CHARLES CORAN.

CHARLES CORAN.

Il n'y a pas que des charretiers dans la nature, il n'y a pas que des Flamands dans les arts. Le réalisme (un mot très à la mode) n'est pas et ne peut pas être exclusivement populaire. Rendre l'accent juste et vrai d'une chose, que cette chose soit laide ou belle, malpropre ou musquée, tel est le devoir du réaliste. Il s'accommode aussi bien de Cydalise que de Maritorne, et ne dédaigne pas plus l'odeur du boudoir que celle du fumier.

Les fausses élégances des poëtes secondaires du dix-huitième siècle ont mis bien du monde en colère. Cela se conçoit, mais il n'en faut tirer aucune conclusion fâcheuse pour l'élégance. Les poëtes de ce temps-là, Saint-Lambert à leur tête, passaient leur vie à célébrer

> Du prestige des arts l'adorable imposture.

Leur poétique est toute dans ce vers, caractéristiquement absurde, des *Quatre Saisons*. Pour eux l'art n'était rien qu'un *imposteur*, un magicien comme Bosco, changeant les choux en roses et escamotant les jupes grossières des paysannes pour les remplacer par des robes à falbalas. Nous ne comprenons pas l'élégance de cette façon.

Une aristocratie effacée et modeste, comme est en ce moment l'aristocratie française ; une civilisation farouche qui marche, les armes à la main ; une littérature disputant à la politique une gloire de quelques minutes ; des mœurs laides et sans voile ; des adversités publiques sans honneur pour un pays, sans profit pour personne ; l'agitation perpétuelle, l'inquiétude générale tout cela n'est pas fait, on en conviendra, pour grossir les rangs des *réalistes de l'élégance*. Leur secte, déjà peu nombreuse et peu aperçue, compte, sinon des défections, du moins des découragements, des lassitudes. Le flot des brutalités démagogiques menace de l'emporter à chaque instant.

Je ne voudrais cependant pas voir disparaître l'élégance, parce que l'élégance est le caractère national de notre poésie. L'Angleterre a la grandeur géante et barbare, l'Allemagne a le rêve, l'Italie a la féerie ; nous seuls avons l'élégance et toutes les qualités charmantes qu'elle amène : l'esprit, l'enjouement, le tact, la vivacité, l'atticisme, enfin. Supprimez de notre littérature les élégants, même les raffinés; supprimez Saint-Evremond, Voltaire, Marivaux, Rivarol,—je ne parle pas de Crébillon fils, dont les Turcs allégoriques et libertins sont souvent insupportables ; — supprimez André Chénier, et vous perdez aussitôt votre côté le plus original, votre supériorité la plus réelle et la moins contestée.

Un des représentants de cette tradition française, le plus spécial et le plus convaincu des réalistes de l'élégance, le plus enjoué aussi, est l'homme dont j'ai inscrit le nom en tête de cet article. Celui-là a pris tout à fait son parti des choses et des femmes de ce temps ; et comme, au bout du compte, on ne lui a retranché ni le mois d'avril, ni la Mona Lisa du Louvre qu'il va saluer toutes les semaines, ni le bordeaux attiédi, ni le champagne à la glace, ni le bas-Meudon où l'on dîne si bien à deux, ni même l'Opéra, refuge des égoïstes de bon goût; comme on lui a laissé sa jeunesse, ses souvenirs et son esprit, il s'obstine à demeurer un homme et un poëte élégants, — jusqu'au jour où le peuple viendra lacérer son jabot et où il lui sera enjoint de fondre ses rimes riches pour les déposer à la banque sociale.

M. Charles Coran est connu des fins gourmets de la littérature par deux recueils de poésies, intitulés le premier, *Onyx*, et le second, *Rimes galantes;* l'un et l'autre ont été tirés à un nombre restreint d'exemplaires, surtout le second. On en parlera plus qu'on n'en a parlé. Vivant en dehors des journaux et des revues, n'appartenant à aucune société littéraire, M. Coran n'a pas vu se faire autour de son œuvre aristocratique le bruit et l'éclat qu'elle comporte. Mais il est de ceux à qui la justice arrive tôt ou tard.

On peut lui donner une place parmi quelques poëtes aimés, entre Théodore de Banville et Brizeux, par exemple, justement parce qu'il ne participe ni de l'un ni de l'autre. Son originalité n'est pas grande, mais elle *est* pourtant. Si j'osais me servir d'un terme ridicule, je dirais qu'il *remplit une lacune*, en ce qu'il résume et incarne l'élégance moderne. Pauvre élégance, sans doute; néanmoins M. Charles Coran trouve encore le secret de la rendre séyante :

> D'autres s'en moqueront, c'est ma foi quelque chose
> Que d'avoir des gants frais et de sentir la rose.
> Vainement le costume est sombre de couleur,
> Soyons gais sous le noir, et portons une fleur.

Cette profession de foi en vaut bien une autre, d'autant mieux que l'auteur de l'*Onyx* y est toujours resté fidèle. Certainement nul mieux que lui ne s'accommoderait d'une bouffette au soulier, d'une guipure au menton, d'une plume sur la tête; mais Charenton et la préfecture de police sont là pour empêcher le retour des modes éclatantes. Force lui est donc de se résigner au rôle paisible du dandy « qui a toujours une coiffe neuve à son chapeau et qui mâchonne la queue d'une rose achetée dix sous chez madame Prévost, » comme dit Balzac. Et puis il n'y avait pas de rôle plus nouveau à prendre en poésie.

M. Coran n'est pas d'ailleurs un traînard à la suite de M. Alfred de Musset, ce n'est pas un casseur de pots, un pipeur de dés, un bravache de corps-de-garde. Il n'a pas de faux éperons, de faux manteau brodé, de fausse maîtresse andalouse; il ne passe pas les nuits à s'enivrer d'amour et de Syracuse sous les tonnelles étoilées, en compagnie des Lelio, des Fortunio, des Fantasio et autres amoureux à panache, qui ne sont que des Ponchard déguisés. Il se couche à minuit, c'est à-dire à l'heure où les derniers romantiques se lèvent; aussi n'a-t-il pas la figure d'un homme que la lune a blanchi comme un vieux mur.

Je ne dirai pas cependant que de loin en loin, M. Coran ne s'amuse à pasticher, comme la plupart des esprits trop bien doués; mais il le fait avec mesure, sans intention de défi, sans idée de système. Il emprunte pour un sonnet la forme taquine de M. Sainte-Beuve, comme on emprunterait pour une demi-heure chez Babin la fraise et le pourpoint de Henri III.

L'école antique ne le séduit pas plus qu'il ne le faut; c'est un grand mérite en ce temps d'archaïsme où les nymphes, les faunes, les égypans, recommencent cette ronde éternelle sur l'herbe *arrosée du sang de Bacchus;* où Vénus, *tordant au-dessus de l'onde amère ses cheveux qui pleurent des perles liquides,* reparaît dans sa conque irisée, remise à neuf par des Chompré hydrophobes; où Diane *aux pieds de neige* revient poursuivre les biches palpitantes dans les *forêts idéales;* débauche de verveine, de crotales, de pourpre, de Falerne, de camées, de flûtes, de pampre.

M. Coran use de la même discrétion envers le dix-huitième siècle, à qui ses sympathies secrètes sont toutes acquises, du moins je le soupçonne. Il ne se hasarde qu'un instant sur le pont de bois traversé par Aline et le chevalier de Boufflers; il feuillette d'un doigt rapide l'*Almanach des Muses* et n'accorde qu'un regard, un sourire tout au plus, à ces petits poëtes, marquis ou abbés,

> Qui trempaient dans le musc d'érotiques bouts d'ailes.

On ne saurait assez le louer de cette exquise retenue, qui serait prudence chez tout autre. Heureuse est la critique des jeunes gens lorsque comme aujourd'hui elle a affaire avec un homme de race, littérateur sans efforts apparents, gracieux faiseur de chansons égayantes. Si j'avais à comparer M. Coran à quelqu'un, ce ne serait pas à un poëte; ce serait plutôt à un peintre, à Watteau, dont il a su éviter la convention et garder la manière. Aussi par reconnaissance, lui consacre-t-il les vers suivants, inspirés par une de ses meilleures *Fêtes galantes :*

> O vous qui peignez frais, vous dont la fine touche
> Sait placer le caprice aux *angles* d'une bouche;
> Vous, le maître d'atour des belles sans courroux ;
> Vous qui dans les jardins donnez les rendez-vous,
> Et là, d'un doigt léger, à l'entour des albâtres,
> Semez les gazons bleus sous les plaisirs folâtres,
> De quel sang de duchesse avez-vous fait la chair
> De ces minois au vent, de ces gorges à l'air ?
> Votre mode, on l'a dit, fut parfois ridicule ;
> Oui, mais sous les paniers comme la taille ondule !
> Comme le geste est libre en ces nœuds singuliers !
> Comme ils font leur chemin tous ces petits souliers !

Ce dernier vers est ravissant, et l'on ne rime pas avec plus de charme. Nulle ambition, mais nulle négligence. M. Charles Coran excelle dans ces tableaux qui ne demandent qu'une pointe émoussée, une couleur d'argent, une caresse de soleil.

Ce n'est pas un homme de passion, par exemple ; ce

n'est pas un amoureux à tous crins et à toutes larmes ; il ne fait que badiner avec l'amour et n'entend pas user son pantalon aux genoux d'une Indiana ; — mais n'avons-nous pas eu suffisamment de passion et de lyrisme depuis vingt-cinq ans ? Nous en faut-il donc tant encore ? Les sanglots de Jocelyn, les amertumes d'Olympio, les soupirs d'Eloa, les imprécations de Franck n'ont-il pas satisfait les âmes les plus altérées et les plus souffrantes ? Ne faut-il rien faire pour les cœurs heureux et volages, pour les esprits cuirassés, pour les tempéraments froids, ou même, tranchons le mot, un peu matérialistes ?

Comme M. Charles Coran n'a rien du caractère d'Alceste, il trouve grand plaisir dans la compagnie de Célimène, et il se constitue volontiers son cavalier-servant. Si Brummel eût fait des vers, il les eût faits comme l'auteur des *Rimes galantes*, assurément. C'eût été la même distinction, la même horreur du convenu sentimental.

M. Coran est quelque chose de plus qu'un élégant, c'est un épicurien. Son frac, si britannique qu'il soit, ne le gêne pas pour s'attabler et se renverser sur sa chaise. Il trouve qu'un gilet blanc n'est pas fait pour demeurer raide comme une armure, et qu'une chevelure acquiert de la grâce lorsqu'elle sort légèrement des boucles. Il a raison.

Je veux citer encore une chose tout urbaine, *française* au possible, et c'est là un mérite sur lequel je ne cesse d'appuyer ; — c'est le portrait en quelques vers d'un homme de soixante ans, portrait de maître, et tel que Saint-Simon en a su ébaucher dans sa prose exacte et vive.

13.

Il a reçu des ans le droit de majesté ;
Mais l'aimable vieillard nous garde sa gaîté ,
Et, de ses derniers jours nous faisant une fête,
Veut que les cheveux blancs soient des lis sur sa tête.
Il sourit ; et s'il parle, il cause d'aujourd'hui,
Jamais du temps passé, car le passé, c'est lui.
Pourtant il a gardé l'antique politesse :
Près des dames son front s'incline avec souplesse ;
Dans ses gestes courtois, dans ses humbles saluts,
Le sexe goûte encor d'un respect qui n'est plus.
Daignez l'interroger : le moindre égard le flatte,
Sa réplique est toujours modeste et délicate ;
Il sait, et néanmoins ce penseur de bon goût,
Pour vous trouver instruit, semble hésiter sur tout.

Le dernier recueil de M. Charles Coran, le meilleur, à mon avis, est daté de 1847. C'est un volume d'un luxe matériel très-rare, imprimé et satiné en vue des derniers boudoirs. Les *Rimes galantes* rappellent les éditions magnifiques de Dorat.

ELLEVIOU.

ELLEVIOU.

On voit depuis quelque temps, sur le boulevard des Italiens, une mine de plomb représentant un vieux monsieur, coiffé d'un tiers de perruque rousse à la Jocrisse, vêtu d'une houppelande et chaussé de souliers épais, qui se tient assis auprès d'un poêle de café, dans une attitude mélancolique et pensive. C'est feu Elleviou, le chanteur de l'Empire, un don Juan d'alors, que plus d'une femme se rappelle en soupirant. Sur ce papier de Bristol, c'est un vieillard aussi laid qu'Odry et dont le nez a de funèbres aspirations; il remue insouciamment une cuiller dans une demi-tasse; son œil est fixé sur le tuyau du poêle; tout à l'heure il va demander la *Gazette*. Rien de plus triste que ce croquis en deux ou trois coups de crayon, et surtout que ce nom amoureux, — Elleviou! — au-dessous de ce rentier barbouillé de tabac. On songe malgré soi à cette immense réputation évanouie, à cette existence d'artiste parsemée de si doux noms de femmes. Blondes et brunes, folles et dépeignées, les pâles et les roses, elles reviennent toutes se grouper autour de ce vieillard fantastique—qui tire gravement de sa poche un mouchoir de couleur.

FIN DU VOLUME.

TABLE.

	Pages.
Introduction.	1
La princesse de Belgiojoso.	1
M. de Jouy.	9
Frédéric Soulié.	23
Ferdinand Flocon.	33
Madame Récamier.	59
Lassailly.	77
Abd-el-Kader.	101
Rossini.	109
Jean Journet.	125
Alexandre Dumas.	135
Chateaubriand.	143
Paul de Kock.	199
Charles Coran.	213
Elleviou.	223

FIN DE LA TABLE.

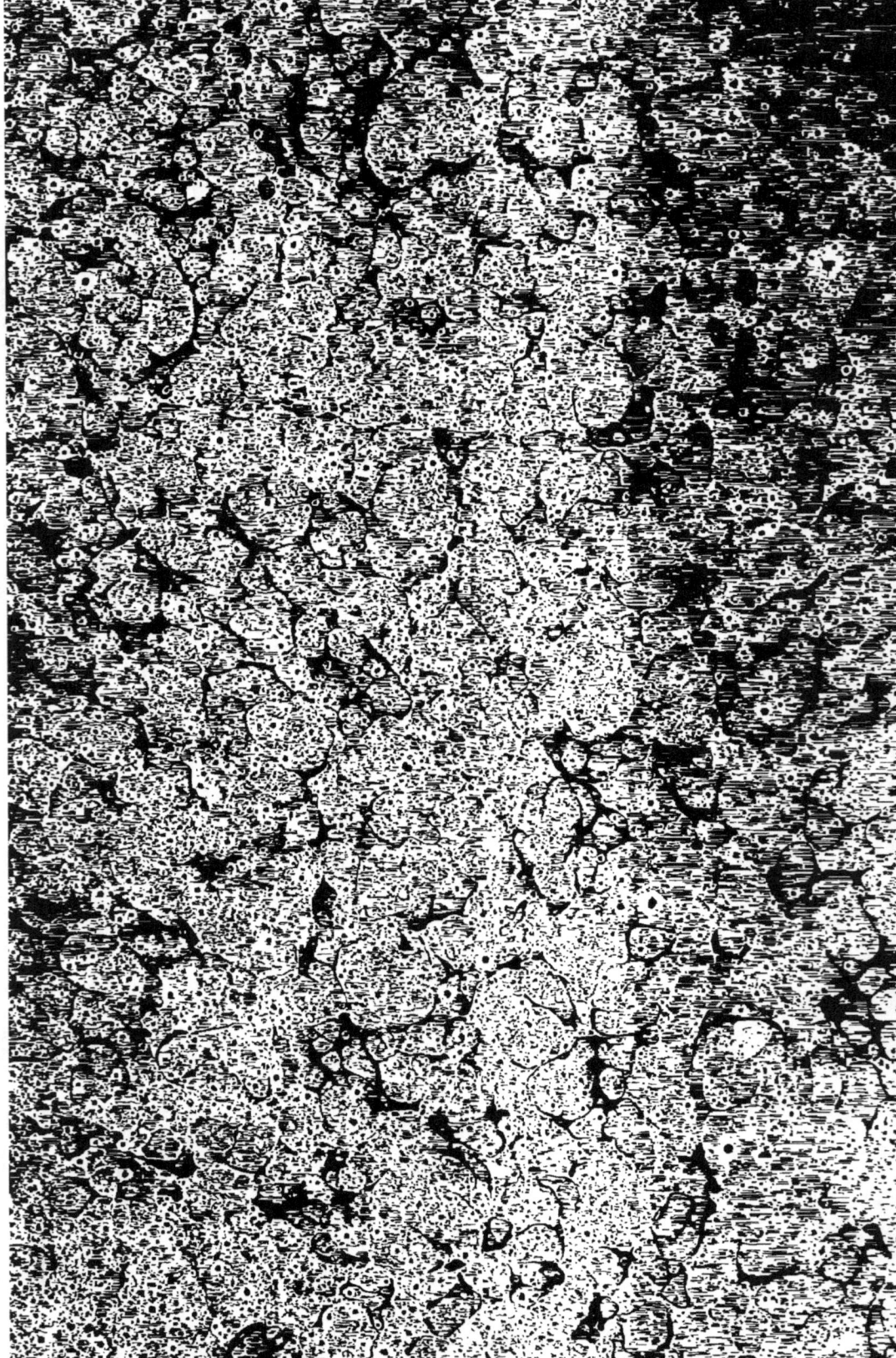

www.ingramcontent.com/pod-product-compliance
Lightning Source LLC
Chambersburg PA
CBHW070617170426
43200CB00010B/1824